미니멀 경제학

금융 설계와 경제 습관 편

사랑하는 두 아들 인균과 승균에게

경제적 미성년들을 위한 최소한의 경제 수업

미니멀 경제학

금융 설계와 경제 습관 편

한진수 지음

중앙books

경제학을 알면
세상이 다르게 보인다

드넓은 바다에 한 척의 고급 유람선이 유유히 항해하고 있었다. 승객들은 대부분 내로라하는 부자들이었다. 그들은 틈만 나면 서로 자기 재산을 자랑하기에 바빴다.

"이번에 난 우리 집을 두 배로 넓혔소. 살던 집이 아무래도 좀 좁은 것 같아서."

"욕심이 지나친 거 아닌가요? 정원의 끝이 안 보일 정도로 넓은 저택이었는데."

배 안의 사람들이 하나둘 이런 식으로 자신의 재산을 뽐냈다. 하지만 승객들 속에 아무 말 없이 조용히 앉아 있는 한 사람이 있었다.

정체가 궁금했던 사람들이 그에게 물었다.

"당신의 재산은 어느 정도요?"

"왜 아무 말도 안 하시오?"

그는 빙그레 웃으며 대답했다.

"지금 내 재산이 딱 얼마라고 말할 수 없지만, 아마도 이 배에 탄 모든 사람들 가운데 내가 가장 부자가 아닐까 생각합니다."

사람들은 그의 말이 허풍이라 생각하고 무시했다. 그러곤 자신들의 열띤 자랑대회를 이어갔다.

어느 날 해적들이 이 유람선을 습격했다. 부자들이 갖고 있던 귀중품은 물론이고 배에 있던 식량까지 모조리 빼앗아 갔다.

더 이상 항해를 할 수 없게 된 배는 가장 가까운 항구에 닻을 내렸다. 재산 자랑에 열을 올리던 부자들은 그 낯선 땅에서 거지나 다름없었다. 손 하나 까딱 안 했던 사람들에게 기술이나 재주가 있을 리가 없었다. 그저 잔심부름이나 해주면서 겨우 끼니를 때울 뿐이었다. 하지만 유람선 안에서 홀로 조용히 침묵했던 그 사람은 지역 학교에서 학생들을 가르치며 여유롭게 살 수 있었다. 실은 그는 랍비였다.

어느 날 랍비는 길을 걷다가 유람선에서 재산을 자랑했

던 사람들과 우연히 마주쳤다. 그들은 랍비를 보자 머리가 땅에 닿도록 숙였다.

"당신이 옳았습니다. 지식을 가지고 있다는 것은 이 세상의 모든 것을 가진 것이나 마찬가지로군요. 당신이 세상에서 제일 부자입니다."

《탈무드》가 전하는 한 이야기다. 지식은 가장 안전한 자산이다. 미래를 보장해주는 요긴한 자산이다. 어쩌면 세상에서 가장 잃어버리기 힘든 재산일 것이다. 그래서 지식을 쌓는 것이야말로 이 세상에서 가장 값지고 효율적인 투자다. 이 책은 그 가운데에서도 돈과 관련된 지식, 즉 금융 지식을 배울 수 있는 기회, 즉 아주 특별한 투자 기회를 제공할 것이다.

자, 다른 이야기를 한 편 또 만나보자.

. . .

어느 마을에 병이 들어 죽을 날이 얼마 남지 않은 농부가 있었다. 이 농부는 자기가 죽고 나면 농사를 제대로 짓지 못하는 자식들이 어떻게 살아갈 것인지를 걱정하였다. 그래서 농부는 자식들을 모두 불러 모아 농사짓는 방법을 일러주었다.

"얘들아, 내가 죽거든 너희들이 저 포도밭을 잘 일구어야 한다."

그러나 자식들은 그 말을 귀담아듣지 않았다.

농부는 궁리를 하다 자식들에게 다시 말했다.

"예전에 내가 너희를 위해 포도밭에 값진 보물을 숨겨두었단다. 그것을 찾아서 잘 살도록 해라."

시간이 흘러 농부가 숨을 거두었고, 자식들은 포도밭으로 달려가서 땅속을 샅샅이 파헤쳤다. 그러나 보물을 찾을 수 없었다. 자식들은 몹시 실망했다.

그런데 여름이 되자 포도밭에서 나무들이 잘 자라서 이전보다 몇 배나 많이 포도를 수확할 수 있었다. 자식들이 땅을 헤집은 덕분에 기름진 땅으로 거듭나 포도송이가 많이 열렸던 것이었다. 자식들은 그제야 깨달았다.

"아버지께서 말씀하신 보물이란 게 이것이었구나."

자, 이 이야기의 교훈은 무엇일까?

역시 땅이 있어야 한다? 아니, 나는 그렇게 생각하지 않는다. 최고의 보물은 돈이 아니라 돈을 벌기 위한 노력이라는 교훈이다.

세상에 돈을 마다할 사람은 없다. 하지만 사람들은 돈

을 벌고 관리하는 방법을 배우고 익히는 데는 소홀하다. 돈은 공짜로 얻어지지 않는다. 로또는, 일확천금은 신기루와 마찬가지다. 설령 번개에 맞을 확률보다 낮은 행운이 내게 찾아왔어도 돈을 관리하는 지식이 없다면 손안의 모래처럼 돈은 어느새 사라지고 말 것이다.

. . .

.

   학교를 졸업하고 사회생활을 시작하면 바로 필요한 지식이 바로 금융 지식이다. 그럼에도 돈에 대해서 배울 기회가 많지 않다. 집에서 부모님도 돈 애기는 잘 해주지 않는다. 학교에서도 돈에 대해서 가르치지 않는다.

   근의 공식을 이용하여 함수의 해를 구하지만, 정작 이자와 복리를 알지 못한다. 화학 원소의 이름과 순서는 줄줄 외우지만 왜 분산 투자를 해야 하는지는 들어본 적이 없다. 참으로 안타까운 일이다. "부자는 하늘이 내린다"거나 "잘 살고 못사는 것은 팔자소관"이라는 말을 더 자주 듣는다.

   수영하는 법을 모르면서 바다에 뛰어드는 사람은 없다. 그러나 금융 지식 없이 사회생활을 시작하는 사람은 많다. 자신의 '경제 목숨'을 걸고 모험을 하는 격이다.

바다에 뛰어든 후에 수영하는 법을 배우려는 사람은 없을 텐데, 금융 지식에 관해서는 어째서 막상 닥치면 다 알게 되겠지, 하고 생각하는지……

물론 생활 속에서 자연스럽게 습득하게 되는 금융 지식도 있다. 그렇지만 공부해서 배워야 할 기초 금융 지식이 있다. 이 기초 지식이 바탕이 되어야 더 어렵고 복잡한 금융 지식을 튼튼하게 쌓아올릴 수 있다.

. . .

튼튼한 인생 설계는 단지 돈을 많이 버느냐, 적게 버느냐의 문제가 아니다. 돈이 많든 적든, 자신의 소득을 예측하고 자신이 현재 갖고 있는 돈을 어떻게 관리하는지가 중요하다. 즉 어떻게 저축하고 어떻게 소비하며, 더 나아가서 어떻게 운용하는지가 관건인 것이다.

자신과 가족이 큰 어려움 없이 생활하려면, 어느 시기에 어느 정도의 돈이 필요하며, 그 돈을 어떻게 벌고 모을 것인지를 계획해야 한다. 이와 같은 인생 설계를 경제학자들은 '일생에 걸친 재무 설계'라고 부른다. 우리는 지금부터 바로 그 튼튼한 인생 설계를 위한 기초 지식들을 하나씩 하나씩 공부해나갈 것이다.

　아무리 중요한 금융 지식이라도 어려우면, 그래서 비전
문가들이 이해하지 못한다면 소용이 없다. 그래서 이 책에
서는 사는 데 꼭 필요한 금융 지식을 엄선하여 최대한 쉽고
친절하게 풀어쓰려고 노력했다.

　지금부터 경제학자들의 인생 설계법에 관해 살펴볼 것
이다. 돈을 어떻게 벌고, 어떤 방법으로 소중한 돈을 지키
거나 불릴 수 있는지 알아볼 것이다.

　좋아하는 만화책을 보듯이 가벼운 마음으로 읽어가기를
권한다. 그러다 보면 자신도 모르는 사이에 많은 금융 용어
와 개념들이 머릿속에 쌓이게 될 것이다.

　경제와 금융이 남의 일이 아니라 내 코앞의 문제임을 느
끼기를 기대한다. 돈의 세계를 보는 눈이 넓어지고 밝아지
기를 바란다.

2019년 겨울
한진수

1부

돈에 대해
제대로
알아야 할 때

돈

도대체
넌 누구냐?

동양과 서양, 돈의 기원

돈은 인류의 가장 위대한 발명품 가운데 하나다. 지구상 어느 곳에서든지 돈이 쓰이지 않는 곳은 없다. 인류에게 불이 없는 세상, 바퀴가 없는 세상을 상상하기 어려운 것처럼, 돈이 없는 세상 또한 존재하기 힘들다. 도대체 돈이 무엇이기에 우리를 때로는 웃게, 때로는 슬프거나 분노하게 만들까?

돈, 다른 말로는 화폐(貨幣)다. 한자로 표기한 화폐를 들여다보면 '조개'를 나타내는 '貝(패)'가 들어가 있다. 오래전 조개껍데기(조가비)를 돈으로 썼던 데서 유래한 것으로 보고 있다.

그러면 우리말인 돈은 어떻게 생겨난 말일까? 흔히 '돌고 도는 것'이라서 돈이라는 말이 쓰였다고 하는데, 이는 속설에 불과하다. 믿을 만한 객관적 증거가 없다. 돈이라는 말이 먼저 쓰이고 난 후에 사람들이 만들어낸 표현이라는 쪽에 무게가 실린다.

보다 과학적인 돈의 어원이 필요하다. 설득력 있는 두 개의 주장을 생각해볼 수 있다.

첫째, 칼 도(刀)에서 돈이란 말이 나왔다는 주장이 있다. 고대 중국에서 금속으로 돈을 만들었는데, 칼 모양이었다. 실제 칼보다 축소된 크기였으며 손잡이 부분에 구멍이 뚫려 있다. 칼 형상의 돈이라는 뜻에서 도화(刀貨), 또는 칼 모양의 동전이라는 뜻에서 도전(刀錢)이라고 불렀다.

춘추전국시대 연나라에서 만든 것이 명도전이다. 고조선 시대에 중국과 교역하면서 우리나라에 명도전이 전파되었다. 이에 도화의 도(刀)를 따서 돈이란 이름이 나왔다는 주장이다.

둘째, 무게를 재는 단위인 '돈'에서 돈이란 이름이 나왔다는 주장도 있다. 다른 나라에서도 일반적으로 무게의 단위가 돈의 명칭이 되었다는 점에서 이 주장에 힘이 실린다.

여러 나라에서 돈의 단위가 무게의 단위와 일치하는 이유는 당시 금속을 가지고 돈을 만들었기 때문이다. 금속의 무게가 바로 돈의 값어치와 직결되었다. 예를 들면 영국의 화폐 단위인 파운드는 무게의 단위이기도 하다. 성경에 나오는 달란트도 무게 단위에 뿌리를 두고 있다. 1달란트는 60파운드이며, 1파운드는 453.6그램이다. 마태복음을 보면 주인이 세 명의 종에게 각각 금 5달란트, 2달란트, 1달란트를 주었다고 나온다. 금 5달란트는 300파운드로서, 오늘날 가치로 보면 약 60억 원에 이르는 엄청난 금액이다.

돈의 우리말 어원을 생각해봤으니, 영어 어원도 살펴보자. 돈은 영어로 머니money다. 머니의 어원을 알려면 그리스 신화가 아니라 로마 신화를 찾아야 한다. 로마 신화에서 주피터 신의 부인은 주노다. 주노 여신은 '주노 모네타Juno Moneta'라는 별명을 갖고 있었는데, 모네타는 '지키다, 감시하다'라는 뜻이다.

로마인들은 주노를 섬기는 신전을 지었고, 그곳에 동전을 만드는 주조소를 두었다. 주노 여신의 가호로 외부의 도적으로부터 돈을 안전하게 지키기를 기원하는 마음에서였을 것이다. 이 모네타가 프랑스어로 그리고 다시 영어의 머니가 되었다고 알려져 있다.

우리나라 돈의 역사

조개, 모피, 곡식 같은 상품 화폐까지 포함한다면 돈은 한반도의 역사와 함께해왔다고 해도 과언이 아니다. 하지만 이제부터 말하려는 돈은 조개 같은 상품 화폐 말고, 돈으로 사용하기 위해 우리가 일정한 형태로 제작한 것으로 한정한다.

돈이 우리나라에서는 언제부터 쓰였고 어떻게 변화했는지부터 간단히 살펴보자.

기자조선에서 자모전(子母錢)이라는 철전이 사용되었다는 기록이 있다. 그러나 아직 실물은 발견되지 않고 있다.

기록이나 유물로 다 같이 확인할 수 있는 우리나라 최초의 돈은 건원중보다. 고려 성종(996년) 때 발행된 돈으로서, 철로 만들어졌다. 널리 쓰이지는 않았고 술집이나 상점에서 주로 유통되었다고 한다. 대부분의 사람들이 여전히 쌀(미화), 옷감(포화)을 주로 사용한 탓이다.

이후부터 다양한 이름의 돈이 역사책 속에 등장한다. 고려 숙종 때 대각국사 의천의 주장이 받아들여져 돈을 만드는 관청인 주전도감이 설치되었다. 숙종 2년(1097년)의 일이다. 이곳에서 해동통보, 삼한중보, 동국통보, 동국중보, 해동중보 등 역사책에서 자주 접하는 이름의 돈들이 연이어 만들어졌다. 주 재료는 철이나 구리였다.

몇 년 뒤, 1101년에는 은 1근으로 우리나라 지형을 본 뜬 은병이라는 돈이 주조되었다. 은화가 탄생한 것이다. 1근의 은이 들어가 있으니 그 가치가 매우 커서 시중에서는 널리 유통되지 못했다. 뒷날, 동을 혼합한 위조 돈이 등장하고 은을 조달하기 어려워지는 등 문제가 많아지자 유통을 금지하는 조치가 내려졌다.

우리나라에 종이돈, 즉 지폐가 처음 등장한 것은 고려 말 공양왕 3년(1391년)이었다. 이 종이돈의 이름은 저화다. 원나라의 지폐인 교초를 모방한 것으로 알려져 있으나 역시 시중에 널리 유통되지 않았다.

여기서 잠깐. 세계에서 가장 먼저 지폐를 발행한 나라가 어디인지 알고 있는가? 유럽의 어느 나라일까?

중국이다. 10세기 말 쓰촨성의 중심 도시였던 청두에서는 무거워 가지고 다니기 불편한 철전을 맡기고 교자(交子)라는 예탁증서를 받았다. 이것이 오늘날 우리가 사용하고 있는 은행권의 시조로 간주되고 있다. 유럽에서는 중국보다 600년 정도 늦은 17세기 초에 비로소 지폐가 사용되기 시작했다.

다시 우리나라의 돈 이야기로 돌아오자.

조선시대 세종 5년(1423년)에는 조선통보, 세조 10년(1464년)에는 팔방통보를 만들었지만 역시 잘 사용되지 않았다. 인조 11년(1633년)에 그 유명한 상평통보가 등장했지만 얼마 되지 않아 유통이 중지되었다.

우리나라에서 오랫동안 쓰인 돈은 숙종 4년(1678년)에 만든 상평통보다. 우리가 흔히 엽전이라고 부르는 것이 바로 이 상평통보다.

고종 3년(1866년)에는 대원군이 왕실의 권위를 회복하기 위해 경복궁 중건 사업을 무리하게 강행했다. 이에 필요한 재원을 확보하기 위하여 비상대책으로 당백전을 만들었다. 이 돈에는 상평통보의 100배에 해당하는 명목 가치가 부여되었다. 그래서 '100배에 맞먹는(當) 엽전'이라는 뜻에서 당백전이라고 이름을 붙인 것이다. 하지만 당백전의 실질 가치는 상평통보의 5배 정도에 불과했다.

이와 같은 악화bad money가 시중에 나돌자 유통 질서가 큰 혼란에 빠졌다. 상평통보를 가진 사람은 상평통보를 시중에 내놓지 않고 집에 보관했고, 당백전을 받으려는 사람도 거의 없었다. 당백전의 신용이 추락하고 좋지 않은 여론이 비등하자 반년도 안 되어 주조가 중단되고 역사 속으로 사라졌다.

돈이 없을 때 "땡전 한 푼 없다"는 말을 쓰곤 하는데, 이 땡전이 당백전에서 유래된 말이라고 한다. 가치가 추락한 당백전조차 없는 가난한 신세를 말한다.

세계사 속의 돈, 돈, 돈

인류 역사에서 돈이라는 것이 탄생한 정확한 시점은 알려지지 않고 있다. 어떤 이는 인류가 문자보다 돈을 먼저 사용하기 시작했을 것이라고 추정한다. 적어도 농업을 기반으로 하는 고대 문명에서 돈이 등장했을 것이라는 추측에 대부분 수긍하고 있다. 농산물을 거래하려면 가치를 평가하고 비교할 수단이 필요했을 것이기 때문이다.

기록을 통해 확인할 수 있는 돈의 역사는 기원전 3200년경 메소포타미아 문명으로 거슬러 올라간다. '셰켈'이라는 돈의 단위가 기록에 남아 있는데, 이는 보리의 무게를 측정하는 단위이기도 하다. 셰켈은 구약성경에도 빈번하게 등장한다(우리말 성경에는 세겔로 표현하고 있다). 이스라

엘은 현재 이 단위를 그대로 자국 화폐 단위로 쓰고 있다.

고대 이집트에서는 '데벤'이라는 무게 단위가 쓰였다. 당시 일꾼들에게 급료를 곡물로 지급했는데, 이 곡물이 다른 재화를 구입하는 돈의 역할을 했다고 한다. 이처럼 고대에서는 곡물을 비롯해서 여러 '물건'이 돈의 역할을 담당했다.

곡물 다음으로 돈으로 쓰인 것은 아마 조가비일 것이다. 지금도 파푸아 뉴기니의 일부 섬사람들은 조가비 돈을 사용한다. 진주조개의 조가비에 윤을 내고 끝 부분에 실을 꿸 수 있도록 구멍을 내어 가슴에 달 수 있다.

기원전 600년경 리디아(오늘날 터키)에 이르러 현대의 동전 모양에 가까운 주화가 처음 등장했다. 비록 지금처럼 부드러운 원형 모양을 갖추고 있지는 못하지만 금과 은으로 주조해 만든 세계 최초의 동전이다. 그리스 출신의 용병들에게 급료로 지급하기 위해 만들었다는 기록이 있다.

리디아의 주화에 자극을 받은 그리스 도시국가들은 채굴한 은을 이용해 동전을 만들기 시작했다. 동전 생산 기술이 발전하면서 화폐 주조소를 통해 우수한 품질의 동전을 생산했으며, 이후로 돈을 주조하는 관행이 널리 퍼지기 시작했다.

독특한 환경은 특이한 형태의 돈을 만들어내기도 한다. 제2차 세계대전 때 포로수용소에서의 일이다. 독일군 포로수용소에 갇힌 연합군 포로들에게는 유통할 수 있는 돈이 없었다. 그러나 그들도 옷, 음식 같은 재화와 서비스를 거래할 필요가 있었다. 물물교환도 했지만, 곧 그들은 적십자사에서 나누어주는 담배를 돈으로 삼는 참신한 발상을 하게 되었다.

차, 커피, 코코아를 마시려면 한 잔에 담배 2개비를 줘야 했으며, 셔츠 한 벌은 담배 80~120개비에 거래하는 식이었다. 폐쇄된 사회에서 독자적인 담배 화폐를 만들어낸 것이다. 돈이 없는 세상이 얼마나 불편한지를 확인할 수 있는 역사 사례다.

돈만 있으면 귀신도 부릴 수 있다?

속담이나 에피소드에도 돈은 빠지지 않고 등장한다. 돈보다 더 자주 등장하는 소재가 있을까 하는 생각이 들 정도로 돈과 관련된 금언이 많이 있다. 몇 가지만 보자.

돈만 있으면 귀신도 부릴 수 있다.

돈이 있으면 귀신도 눈웃음친다.
돈 이야기에 죽은 송장 곤두선다.
돈이 말하면 진실이 침묵한다.
돈으로 열리지 않는 문은 없다.

있는 사람은 더 갖고 싶고, 없는 사람은 없어서 갖고 싶은 게 돈이다. 그래서 "물보다 진한 것이 피, 피보다 진한 것이 돈"이라는 냉소적인 말까지 등장했다.

"돈을 너무 가까이 하지 말라. 돈에 눈이 먼다. 그렇다고 돈을 너무 멀리 하지도 말라. 처자식이 천대 받는다"는 말 역시 모두《탈무드》에 나온다.

미국 작가 거트루드 스타인Gertrude Stein은 "동물과 인간을 구별 짓는 것은 돈뿐"이라고 했다. 돈을 찾아 헤매고, 심지어 돈을 인생의 목적으로 삼거나 돈을 위해 목숨을 거는 것은 사람뿐이라는 뜻이다. 우리는 왜 이토록 돈을 원할까? 돈이 다음과 같은 세 가지 기능을 하고 있기 때문이다.

돈의 역할과 세 가지 기능

첫째, 돈은 교환의 매개 수단 기능을 한다.

밥을 사 먹거나 버스를 타고 그 대가로 내미는 게 바로 돈이다. 이것이 교환의 매개 수단 기능이다. 만약에 이 세상에 돈이 존재하지 않는다면 물물교환을 해야 한다. 또 밥을 먹은 대가로 설거지를 해야 하는 식이다. 하루 가운데 상당 시간을 거래를 위해 써야 할 것이다. 비효율적인 삶이다.

다행스럽게도 인간은 돈이라는 것을 발명했기에 거래에 필요한 시간과 노력을 절약할 수 있었다. 돈은 거래의 효율성을 높여주는 최선의 도구다.

둘째, 돈은 회계의 단위 기능을 한다.

모든 재화나 서비스의 가치를 그 나라 돈의 단위로 측정할 수 있는 기능을 말한다. 배는 2,000원, 스마트폰은 100만 원, 월급은 300만 원, 집은 1억 원 등으로 표현할 수 있는 것은 바로 돈이 있기 때문이다.

셋째, 돈은 가치의 저장 수단 기능을 한다.

사람들은 여러 가지 수단으로, 예를 들어 주식, 채권, 부동산, 금 등 자신이 선호하는 방식으로 부를 보유하고 축적한다. 돈은 그 수단들 가운데 하나다. 그런데 우리나라 돈의 평균 수명을 보면 천 원권은 52개월, 만 원권은 121개월인 데 비해, 오만 원권은 10년 이상이라 한다. 고액권일수록 평균 수명이 길다. 그 이유는 가치의 저장 수단 기능과 밀접하게 관련이 있다. 사람들이 가치를 저장하는 수단으로 고액권을 선호하므로 고액권일수록 시중에 유통되지 않고 집 안에 고이 보관하기 때문이다.

하지만 돈은 가치를 저장하는 목적에서 볼 때, 별로 좋은 수단이 아니다. 다른 수단들은 보유하면서 가치 상승을 기대할 수 있다. 예를 들어 사람들은 주가가 오르거나 땅값이 오르기를 기대하면서 주식이나 부동산을 보유한다. 돈은 그렇지 않다. 돈의 가치는 불어나지 않는다. 오히려 인플레이션으로 인해 줄어든다.

이런 점에서 돈은 가치를 저장하는 수단으로서는 좋은 점수를 받지 못한다. 그럼에도 사람들이 여전히 돈을 선호하는 이유는 일상생활에서 거래를 할 때 교환의 매개 수단으로 유용하게 쓸 수 있기 때문이다. 병원에서 치료를 받고 금이나 아파트로 대가를 지불할 수 없듯이 말이다.

금융

아주 오래된 유대인 이야기에서
배우는 금융의 원리

꼬리가 몸통을 흔든다

〈왝 더 독Wag the dog〉. 1997년 미국에서 개봉된 영화다. 대통령 선거에서 전세가 불리해진 한 후보가 있지도 않은 사건을 꾸민다. 그리고 결국 국민들의 관심을 딴 곳으로 돌려 선거에서 승리한다는 내용이다. 한데 제목이 이채롭다.

'왝 더 독'은 "꼬리가 개의 몸통을 흔든다"는 뜻이다. 개가 꼬리를 흔드는 게 정상인데 꼬리가 개를 흔들다니? 표피적인 것이 본질적인 것보다 더 중요해지는 현상을 나타내는 말로서, 주객이 전도되는 현상을 비유할 때 쓰인다.

돈과 금융의 관계도 '왝 더 독'이란 표현이 어울린다. 애초에 돈은 거래를 원활하게 하려는 목적으로 생겨났다. 편의점에서 아이스크림을 살 때를 생각해보자. 편의점 직원은 우리에게 상품을 건네준다. 우리는 그 대가로 편의점 직원에게 돈을 건넨다. 만약 돈이 없었다면, 이 거래는 이루어지기 힘들었을 것이다. 이처럼 오늘날의 거래에서는 재화나 서비스가 한쪽 방향으로 전해지면서, 동시에 돈이 반대 방향으로 흘러간다.

이처럼 비교적 단순한 방식으로 거래를 돕는 역할을 위해서 생겨난 돈이 시간이 흐르면서 새로운 일을 하기 시작했다. 바로 돈을 직접 거래하는 일이다. 돈이 있어서, 반대로 돈이 없어서 고민하는 사람들 때문이었다.

돈 많은 사람들의 걱정거리

돈이 부족한 사람의 고민은 쉽게 추측할 수 있다. 그렇다면 돈이 많은 사람은 도대체 어떤 고민을 할까? 첫 번째 유동성 문제다. 유동성이란 돈이 필요할 때, 자신이 갖고 있는 자산을 별다른 손실 없이 신속하게 현금으로 전환할 수 있는 가능성을 말한다. 자산은 땅이나 아파트 같은 부동산 그리고 예금이나 적금, 주식이나 채권 등 경제적 가치가 있는 것을 지칭하는 말이다.

시골에 땅을 구입해놓으면, 갑자기 현금이 필요해지면 어쩌나 하는 걱정이 든다. 부동산을 팔 때 시세가 좋지 않아 손해를 볼 수도 있다. 그렇다고 많은 돈을 그냥 현금으로 가지고 있자니 더 많은 돈을 벌 수 있는 기회를 날리는 것 같아 아쉽고, 도둑 맞을까 봐 겁나기도 한다. 갑자기 물가가 급등해서 돈의 가치가 떨어지는 것도 걱정이다. 이것이 바로 부자들의 첫 번째 고민인 유동성 문제다.

마침내 결정을 내렸다. 돈을 다른 사람에게 빌려주고 이자를 받기로 했다. 그런데 또 걱정이 생겼다. 돈을 빌려간 사람의 사업이 망해서 이자는커녕 원금조차 찾을 수 없게 된다면 끔찍한 일이다. 위험을 줄이면서 수익을 많이 올리려면 어떻게 돈을 굴려야 할지 고민이 되기 시작한다. 이것이 돈 많은 사람들의 또 다른 고민인 수익성과 안전성의 문제다.

금융, 고민을 해결하다

금융이 이러한 고민을 해결해줄 수 있다. 금융은 여웃돈이 있는 사람에게서 돈이 필요한 사람에게 돈이 흘러가도록 도와준다. 즉, 내가 갖고 있는 돈을 친구에게 빌려주면 이것이 바로 금융이다.

금융을 정의하자면 돈과 관련된 모든 일이라 할 수 있다. 돈을 빌려주거나 빌리는 것, 돈을 벌고 불리고 쓰고 지키는 것 그리고 이런 일과 관련되어 있는 것들이 모두 금융의 범위에 속한다.

돈을 가지고 있는 사람은 금융시장에 돈을 맡기고 필요할 때마다 인출할 수 있으므로 유동성 문제를 고민하지 않아도 된다. 원금을 보장해주고 이자를 주는 예금 상품에 가입하면 된다.

금융은 개인의 고민을 해결해줄 뿐 아니라, 국민 경제가 돌아가는 데 필요한 자금을 중개함으로써 나라의 경제 성장을 돕기도 한다. 경제에서 자금이 남는 대표적인 부문은 가계다. 그렇지 않은 가계도 있지만, 대부분은 수입 가운데 일부를 소비하고 나머지는 저축한다. 가계 하나하나를 보자면 적은 액수일지라도, 수천만 가계의 저축이 모이면 대규모 투자와 경제 성장을 가능케 하는 큰돈이 된다.

이와 달리 기업은 국민 경제에서 자금이 부족한 부문이다. 기업도 사업을 해서 번 돈을 저축하기도 하지만, 대개는 설비 투자와 신규 사업 확장을 위해서 자금이 필요하다. 만약 기업의 자금 수요에 비해서 가계의 저축이 모자라면, 부득이 외국에서 자금을 빌려와야 한다.

금융 경제와 실물 경제

경제는 크게 실물 경제와 금융 경제로 구분된다. 실물 경제는 재화나 서비스를 생산하고 거래하는 활동을 가리키며, 금융 경제는 돈만 오가는 활동을 가리킨다. 예를 들어 기업이 상품을 생산하고 아파트를 짓는 일, 소비자가 시장에서 옷을 사고, 식당에서 음식을 사 먹는 일 등은 실물 경제에 해당한다. 이에 비해서 은행에 예금을 하거나 은행에서 대출을 받는 일, 주식을 사고파는 일 등은 금융 경제에 속한다.

실물과 금융의 구분은 개념상의 구분일 뿐이다. 오늘날의 경제에서는 실물과 금융이 매우 밀접하게 연결되어 있으며, 서로 영향을 주고받는다. 금융이 원활하게 돌아가지 않으면 기업의 자금 조달이 힘들어져 실물 경제가 타격을 입는다. 실물 경제가 원활하게 움직이려면 금융 경제가 뒷받침을 해주어야 한다. 반대로 실물 경제가 활발해서 기업의 실적이 좋아지면, 주가도 오르고 돈의 흐름이 원활해지는 등 금융 경제도 힘을 얻는다.

갈수록 금융의 역할이 커지고 있다. 금융 경제가 실물 경제를 좌지우지하는 현상도 어렵지 않게 목격할 수 있다. 경제에서 '왝 더 독' 현상이 벌어지고 있는 것이다. 2008년에 있었던 글로벌 금융위기 때문에 세계의 실물 경제가 타격을 입은 적이 있지 않은가.

금융 경제 자체가 한 국가의 경쟁력을 좌우하는 척도가 되기도 한다. 금융 강국이라는 말도 있다. 그래서 세계 각국은 금융 부문의 경쟁력을 키우기 위해 노력하고 있다. 선진국들은 대개 실물 경제뿐 아니라 금융 부문에서도 강력한 힘을 지니고 있다.

말 한마디로 돈을 번 유대인 이야기

금융은 거대한 설비나 굴뚝이 필요 없는 서비스 산업이다. 아이디어만 있으면 어디에서나 누구라도 시작할 수 있다. 한 유대인 이야기는 이러한 금융의 특성을 잘 보여준다.

장례식에 참석한 한 유대인이 옆에 있는 두 조문객에게 말했다.

"하늘나라에 가는 저 사람을 위해서 우리 각자 100달러씩 조의금을 냅시다."

두 조문객은 그러자며 지갑에서 100달러씩을 꺼내 관 위에 올려놓았다. 유대인은 주머니에서 수표를 꺼냈다. 그리고 수표에 300달러라고 적은 뒤 앞서 두 사람이 놓았던 현금 200달러를 거스름돈으로 챙겼다.

잠깐 생각해보자. 너무나도 정확하고 합리적인 거래 같지만, 이 유대인은 눈 깜짝할 사이에 200달러를 벌어들였다. 관 속에 있는 죽은 사람이 수표를 은행에서 인출해갈

리 없다. 유대인은 번득이는 기지로 그 자리에서 200달러를 번 셈이다.

참고로 미국에서는 개인이 수표에 금액을 기재하여 상대방에게 주면, 받은 사람이 그 수표를 은행에서 현금으로 교환할 수 있는 개인 수표가 널리 쓰인다. 유대인이 쓴 수표가 이것이다. 이 유대인은 수표와 현금의 차이를 교묘하게 이용해 돈을 번 것이다.

오늘날의 금융이 이와 같다. 아이디어만 좋으면 새로운 금융 기법과 상품을 개발해 언제 어디서나 공장 없이도, 미세먼지 같은 환경오염을 일으키지 않고도, 많은 돈을 벌 수 있다.

돈을 돌리는
경제의 심장!

왜 금융회사가 필요할까?

돈을 관리해주고 각종 금융거래를 도와주는 곳이 금융회사다. 과거에는 금융기관이라고 불렀지만, '기관'이란 용어가 정부 기구 같은 느낌을 준다고 해서, 요즘에는 이윤을 추구하는 기업임이 잘 드러나도록 금융회사라는 용어를 쓴다.

금융이 원활하게 작동해 실물 경제에 도움이 되는 순기능을 제대로 발휘하려면 금융시장과 금융회사들이 안정적이어야 하며, 자금이 넘치는 곳에서 자금이 필요한 곳으로 돈이 물 흐르듯 부드럽게 흘러야 한다.

앞서 말했듯이 친구에게 직접 돈을 빌려주는 것도 금융이지만, 대부분의 금융거래는 금융회사를 통해 이루어진다. 금융 서비스를 이용하면서 지불해야 하는 수수료가 아깝기는 하지만, 사람들이 금융회사를 이용하는 이유는 개인적으로 금융 거래를 할 때보다 안전하고 효율적이기 때문이다. 한마디로 수수료 이상의 값어치를 하기 때문이다.

집을 사거나 팔 때 부동산중개소를 찾아가는 것과 마찬가지다. 집을 팔려는 사람과 사려는 사람은 서로 상대방에 대한 충분하고 정확한 정보를 갖고 있지 못해 거래가 성사되기 힘들다. 거래할 상대방을 개별적으로 찾는 것보다는 관련 정보가 한곳에 모여 있는 중개소를 이용하는 편이 편리하다. 그 대가로 중개소에 거래 수수료를 지불한다.

경제가 원활하게 돌아가고 성장하기 위해서는 경제의 혈액인 돈이 잘 돌아야 하고, 돈이 잘 돌기 위해서는 금융회사가 돈을 잘 돌려야 한다. 동맥과 정맥에 연결되어 있는 심장이 들어오는 피와 나가는 피를 원활하게 돌리며 펌프질을 하듯이, 금융회사는 돈을 돌리는 경제의 심장인 셈이다.

돈 문제 해결사

　여윳돈을 갖고 있는 사람과 돈을 빌리려는 사람이 완벽
하게 조화되어 직접 거래하기는 하늘의 별따기다. 대개 여
유 자금이 있는 사람은 그 수가 많지만, 보유하고 있는 자
금의 규모가 작고 단기간만 빌려주고 싶어 한다. 자금을 빌
리려는 사람은 원하는 돈의 규모가 크며 장기간 빌리고 싶
어 한다.

　예를 들어 100만 원 정도의 여유 자금이 있는 사람들이

많이 있고, 사업가는 1억 원이 필요하다고 하자. 이 사업가가 1억 원을 빌리려면 100만 원의 여유 자금을 갖고 있는 사람 100명을 찾아서 차용증을 쓰고 돈을 빌려야 한다. 여간 복잡한 일이 아니다.

돈을 빌려주는 입장에서는 돈을 빌리는 사람이나 기업의 신용이 걱정스럽다. 행여 돈을 꿔간 사람이 도망을 친다거나, 기업이 망해버리기라도 한다면 여윳돈을 모두 날리고 만다.

상대방의 신용 상태를 조사하고 확인하는 일은 전문가가 아닌 이상 매우 어렵다. 누군가에게 신용을 조사해달라고 부탁한다면, 이 의뢰비가 이자 수입보다 더 많이 들 수 있다. 배보다 배꼽이 클 수도 있는 것이다. 또한 돈을 빌려주면서 만기가 언제며, 이자는 얼마로 할 것인지를 놓고 줄다리기를 하느라 실랑이를 벌일 수도 있다.

금융회사는 이러한 문제를 속 시원하게 해결해준다. 여유 자금을 갖고 있는 사람은 돈이 많고 적음과 관계없이 금융회사에 돈을 맡긴다. 금융회사는 전문 인력을 고용해서 돈을 빌리려는 개인이나 기업의 신용도를 조사한다. 개개인이 직접 이 일을 하는 것보다 더 정확하며 비용도 적게 든다.

다양한 금융 메뉴

　경제가 발전하면서 금융회사의 서비스도 더 다양해졌다. 급기야 은행이 모든 금융 업무를 감당하기에는 벅찰 정도가 되었다. 이러한 필요에 부응하고 변화하는 금융 환경에 적응하기 위해서 전문화된 금융회사들이 하나둘씩 생겨났다.

　그 결과 오늘날 금융회사의 종류는 그야말로 일일이 나열하기 힘들 정도로 많다. 각각의 금융회사는 나름대로 존재 이유가 있으며 특화된 업무 영역을 갖고 있다. 고객의 입장에서 생각해보면 자신에게 맞는 금융회사를 선택할 수 있는 메뉴가 풍부해진 셈이다.

　정부는 금융회사 종류별로 법을 만들어 설립 조건을 명시하고, 담당 업무까지 일일이 제한하고 있다. 하는 일의 종류에 따라서 금융회사 이름에 어떤 문구를 넣어야 한다는 것까지 규제하고 있다. 만약 이런 규제가 없다면, 개인이 회사 이름을 'ㅇㅇ은행'으로 붙인 뒤 사람들의 돈을 받아 튀어버리면 그만이다. 그러면 돈을 맡긴 사람들이 손해를 입는 것은 물론이고, 금융시장 전체가 혼란에 빠져들 수 있다.

이게 다 뭐하는 회사야?

중앙은행은 국가의 금융기관으로서 화폐를 발행하고 통화 정책을 수행하며 외환 보유액을 관리하는 등의 역할을 한다. 우리나라의 중앙은행은 한국은행이다.

예금취급기관은 금융을 중개하는 역할을 수행하기 위해 예금이나 대출을 담당하는 금융회사다. 은행이 대표적이다. 은행은 다시 일반은행과 특수은행으로 구분된다. 일반은행은 개인과 기업이 예금과 대출 거래를 할 때 이용한다. 일반은행에는 시중은행, 지방은행, 외국은행 국내 지점이 있다. 시중은행은 KB국민은행, 우리은행, 신한은행, KEB하나은행처럼 전국적으로 영업하는 은행이며, 지방은행은 부산은행, 대구은행, 광주은행처럼 특정 지역을 주된 영업구역으로 한다.

한편 일반은행이 자금을 공급하기 어려운 특수한 부문에 자금을 공급하기 위한 목적으로 설립한 특수은행이 있다. 중요한 산업이나 기술 개발에 필요한 장기 자금을 공급해주는 KDB산업은행, 중소기업을 대상으로 관련 금융을 담당하는 IBK기업은행, 기업이 수출입을 하는 데 필요한 자금을 전문적으로 융통해주는 한국수출입은행은 정부가 국가 정책을 효과적으로 수행하기 위해서 설립한 특수은행들이다.

여기서 잠깐. 은행이란 말을 되씹어보자. 은행(銀行)이라는 한자 표현을 보니, 은이 들락날락하는 곳이라는 뜻을 지니고 있다. 왜 금행(金行)이 아니라 은행일까? 역사적으로 금보다 은이 더 오랫동안 그리고 더 널리 돈으로 쓰였기 때문이다.

상호저축은행에서 우체국까지

누구나 여윳돈이 있을 때 예금할 수 있는 곳이라 하면 제일 먼저 일반은행을 떠올릴 것이다. 하지만 개인이 예금할 수 있는 상호저축은행이란 금융회사도 있다. 상호저축은행은 지역의 주민, 상인, 소규모 기업을 대상으로 영업하는 소형 금융회사로서, 줄여서 저축은행이라고 부른다. 거주지역이나 상인 여부와 관계없이 누구나 자유롭게 예금할 수 있다.

은행과 비슷한 금융 거래를 하지만, 일반은행과는 구분된다. 상호저축은행은 은행보다 높은 예금 이자율을 적용하고 일반은행에 비해서 대출을 쉽게 해준다. 때문에 지역

상인들이 많이 이용하지만, 일반은행보다 이자율이 높고 규모가 작아 안전성이 다소 떨어진다.

개인이 돈을 예금할 수 있는 곳으로 신용협동기구와 우체국도 있다. 신용협동기구는 직장이나 농어촌 지역별로 조합원을 모은 후 이들로부터 예금을 받고 자금을 대출해 준다. 조합원 사이의 상부상조를 주된 목적으로 하는 지역 서민 금융회사다. 신용협동조합, 새마을금고, 농협과 수협의 단위 조합이 여기에 해당한다.

정부기관인 우체국도 원래의 우편 업무 외에 예금과 보험 업무를 담당하고 있다. 우체국 예금은 전국 도처에 흩어져 있는 조직을 이용하므로 금융회사 가운데 가장 넓은 영업망을 보유하고 있어 편리하다.

종합금융회사는 줄여서 '종금사'로 부른다. 장기 금융, 단기 금융, 투자신탁, 시설 대여 등 기업에 필요한 거의 모든 금융업을 담당한다는 점에서 '종합'금융회사라는 이름이 붙었다. 주로 기업과 관련된 금융 업무를 하고 있어 일반인들이 이용할 일은 드물다.

구분			주요 취급 내용
중앙은행	한국은행		화폐 발행 및 공급, 통화 정책을 통한 물가 안정
은행	일반은행		예금, 대출, 지급 결제
	특수은행		일반은행이 자금을 공급하기 어려운 곳에 대출
비은행 예금 취급기관	상호저축은행		예금, 대출(지역 중심 영업)
	신용협동기구	신용협동조합	조합원에 대한 예금과 대출
		새마을금고	
		농협 수협 단위 조합, 산림조합	
	우체국 예금		우체국 예금, 우편환
	종합금융회사		단기 어음 발행, 어음관리계좌
금융 투자회사	투자매매업자	증권회사, 선물회사	증권 또는 파생상품의 매매, 펀드 판매 및 중개
	투자중개업자		
	집합투자업자	자산운용회사	투자신탁펀드, 뮤추얼펀드 운용
	투자일임업자	투자자문회사	증권 또는 파생상품의 투자 자문, 일임
	투자자문업자		
	신탁업자	은행신탁 등	금전신탁, 재산신탁, 투자신탁
보험 회사	생명보험회사		생명보험의 인수 및 운영
	손해보험회사		손해보험의 인수 및 운영
	우체국 보험		생명보험의 인수 및 운영
	공제기관		생명공제(유사보험), 손해공제
기타 금융회사	여신전문 금융회사	신용카드회사	대출
		할부금융회사	
		리스회사 등	
	증권금융회사 등		증권의 유통, 인수, 매입과 관련된 금융
금융 보조기관	금융감독원		금융회사에 대한 검사와 감독
	예금보험공사		예금보험제도를 통한 예금자 보호
	금융결제원		지급결제 시스템
	신용평가회사 등		개인, 기업의 신용도 평가

★ 자료: 한국은행, 《알기 쉬운 금융생활》 내용을 부분적으로 수정

[금융회사의 종류와 주요 취급 내용]

제1금융, 제2금융, 그리고 제3금융

주식을 사려면 증권회사라는 금융회사를 찾아가야 한다. 증권회사는 주식이나 채권의 발행을 주선하고, 발행된 주식이나 채권의 거래를 중개해주는 곳이다.

자신이 직접 주식 투자를 하지 않고 전문가에게 맡길 수도 있는데, 이를 위해서는 자산운용회사를 찾아가야 한다. 자산운용회사는 일반 투자자로부터 조달한 자금으로 펀드 fund를 만든 다음에 주식이나 채권 같은 금융 상품에 투자하는 곳이다. 투자로 얻은 운용 수익을 투자자들에게 돌려주고 수수료를 받는다. 투자에 대한 전문 지식이 부족하거나 시간 여유가 없거나 투자 자금이 적은 투자자들이 주로 찾는다.

보험회사는 보험 업무를 전문으로 하는 금융회사다. 보험 가입자를 대상으로 돈을 대출해주는 업무도 하고 있다.

여신전문금융회사도 있다. 여신(與信)이란 '신용을 준다'는 뜻으로, 돈을 빌려주는 것을 말한다. 반대로 돈을 받는 것을 신용을 받는다는 의미에서 수신(受信)이라고 한다. 우리가 은행에 돈을 예금하면 은행의 입장에서는 돈을 받는 것이므로 수신이다. 우리가 은행에서 돈을 대출받으면 은행은 여신을 하는 것이다.

여신전문금융회사는 말 그대로 여신만, 즉 대출 업무만 전문으로 하는 곳이다. 그래서 사람들로부터 예금은 받지 않는다. 신용카드회사가 대표적이다. 신용카드회사는 금융회사이지만 예금을 할 수 없도록 법으로 정해져 있다.

뉴스에서 제1금융권, 제2금융권과 같은 말을 쓰기도 하는데, 일반은행을 제1금융권이라고 하고 일반은행을 제외한 다른 금융회사들을 일컬어 제2금융권이라고 한다. 제3금융권이란 말도 종종 등장하는데, 사금융을 의미한다. 금융감독원의 직접적인 감독을 받지 않는 대부업체가 제3금융권의 대표적인 예다.

금융회사는 어떻게
돈을 벌까?

예금과 대출 그리고 예대마진

금융회사는 크게 두 가지 일을 한다. 여유 자금을 갖고 있는 예금자와 자금을 마련하려는 대출자 사이에서 자금을 조달하고 제공해주는 역할이 그 첫 번째다. 이때 금융회사는 대출과 관련된 모든 위험을 관리하고 책임진다. 예금자는 대출해준 돈이 어떻게 되든지 관계없이 원금과 정해진 이자를 보장받는다. 누구에게 대출되었는지 신경 쓸 필요도 없다. 이런 역할을 하는 대표적인 금융회사가 바로 은행이다.

예금자 → 예금 → 금융회사(은행) → 대출 → 대출자(기업)

예금 이자 ← ← 대출 이자

    은행은 대출에 대해서 예금보다 높은 금리를 적용한다. 예를 들어 예금 금리는 2퍼센트, 대출 금리는 5퍼센트 하는 식으로 대출 금리가 예금 금리보다 높다. 돈 1억 원을 예금하는 사람에게는 200만 원의 이자를 주는 반면에, 그 1억 원을 대출해가는 사람에게서는 500만 원의 이자를 받는다. 대출 이자와 예금 이자 사이의 차액인 300만 원만큼 은행은 돈을 번다. 돈을 중개해준 서비스에 대한 대가다.

    예금 금리와 대출 금리의 차를 예대마진이라고 부른다. 예대마진이 클수록 은행의 이윤이 커진다. 단순하게 생각하면 은행은 남(예금자)에게서 싸게 빌린 돈을 다른 사람(대출자)에게 비싸게 빌려주는 방법으로 돈을 버는 곳이다. 얼핏 보면 현대판 봉이 김선달 같다.

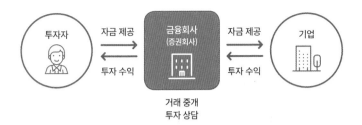

투자자 ← 자금 제공 → 금융회사 (증권회사) ← 자금 제공 → 기업
투자 수익 ← 투자 수익

거래 중개
투자 상담

채권과 주식과 수수료

은행을 통한 돈 거래와는 달리, 돈을 가지고 있는 사람
이 돈이 필요한 기업과 직접 거래를 하는 금융도 있다. 내
가 돈을 빌려주는 상대방 기업을 잘 고르면 높은 수익률을
기대할 수 있지만, 기업이 도산하거나 기업의 성장과 수익
이 예상에 미치지 못하면 낭패를 볼 수도 있다. 주식 거래
와 채권 거래가 이에 해당한다.

주식이나 채권에 투자한 경우에는 모든 책임을 투자자
가 직접 진다. 여기에서 금융회사의 두 번째 역할이 생겨난
다. 금융회사는 기업의 재무구조나 미래 전망 등에 대한 정
보를 투자자에게 제공해주고 투자와 관련된 거래와 각종
서비스를 대행해준다. 물론 공짜가 아니다. 이러한 중개의
대가로 수수료를 챙긴다.

　이렇듯 중개 역할을 하는 사람이나 기관을 '브로커'라고 부르는데, 증권회사가 바로 대표적인 금융 브로커다. 기업의 주식을 사고팔 때마다, 설령 투자자가 손실을 보더라도, 금융회사는 수수료를 챙긴다. 수수료는 이익에 대해서가 아니라 돈 거래를 도와주는 서비스에 대한 대가이기 때문이다.

　이와 같이 금융회사의 이윤은 크게 두 군데에서 발생한다. 위험과 신용을 관리하면서 남기는 이자 수익이 첫 번째

54

며, 각종 수수료가 두 번째 수익원이다. 은행은 이자 수익이 주된 수익원이고, 수수료는 일종의 부수입이라 생각하면 된다. 이에 비해서 증권회사 같은 금융회사의 주된 수익원은 수수료다.

금융에도
대폭발이 있었다?

은행, 이렇게 시작됐습니다!

금융회사의 대표 주자는 누가 뭐래도 은행이다. 르네상스 시기에는 전당포업자나 금 세공업자들이 은행 같은 역할을 담당했다. 이들은 초록색 천으로 덮은 책상 위에서 금융거래를 했다. 그래서 은행을 뜻하는 영어의 뱅크bank는 나무 책상desk 또는 긴 의자bench를 뜻하는 이탈리아어 반코banco에서 유래했다는 설에 힘이 실린다. 이탈리아어로 은행은 반카banca다.

이보다 훨씬 전인 로마 시대에서도 은행의 뿌리를 찾을

수 있다. 돈을 빌려주는 사람들은 뜰의 한복판에 칸막이를 치고 긴 의자에 앉아 있었다고 한다. 긴 의자를 반쿠bancu라고 했는데, 여기에서 반카banca와 뱅크bank가 유래했다는 설도 있다.

　은행의 역사를 살펴보면, 초기 은행의 주된 역할은 무역회사에 자금을 대출해주는 일이었다. 무역회사는 은행에서 빌린 자금으로 여기저기서 물건을 구입한 후 소비자들에게 팔아 원금과 이자를 은행에 돌려주었다. 이처럼 은행은 처음에는 개인과 거래하지 않았다. 시간이 흐르면서 대출을 원하는 기업은 많은데 자금이 충분하지 않자, 은행은 더 많은 자금을 확보하려고 개인을 상대로 영업하기 시작했다.

　유럽에서 역사가 깊고 인지도가 높은 은행 가운데 하나가 이탈리아의 메디치Medici 가문이 1397년에 설립한 메디치 은행이다. 메디치 은행은 피렌체 지역을 기반으로 급성장했다. 금꽃이라는 뜻을 지닌 금화만 거래한 것이 성장의 비결이었다. 이 금화는 순금 2.7그램으로 만들어져 크기와 양이 일정했고 유럽 전역에서 상거래의 중심 통화(구축 통화)로 자리 잡았다.

　교역과 고리 대금으로 막대한 부를 축적한 메디치 가문은 당시 철학자, 건축가, 화가들과 친밀한 관계를 유지하면서 이들의 예술 활동과 공공사업을 후원하는 방법으로 부 축적에 대한 죄의식에서 조금이나마 벗어나려 했다. 그 덕분에 르네상스 시대가 열렸고 세계 역사가 바뀌는 초석이 되었다는 점이 흥미롭다. 지금도 피렌체는 시가지 곳곳이 박물관이라는 평을 받고 있으며, 르네상스 시대의 걸작과 건축물로 즐비하다.

빅뱅과 방카슈랑스

우주를 탄생시키고 시간과 공간을 만든 대폭발을 의미하는 빅뱅Big Bang. 이 거대하고 신비한 빅뱅은 과학의 세계에서뿐 아니라 경제학의 세계에도 일어났다. 과거에는 런던이 세계 금융의 중심지였지만, 제2차 세계대전 이후 그 지위를 뉴욕으로 넘겼다.

이에 영국의 대처 총리는 세계 금융 중심지의 명성을 되찾기 위한 전략의 하나로 증권시장의 완전 자유화를 비롯해서, 금융시장을 통제하던 각종 규제를 과감히 철폐하는 조치를 단행했다. 무한 경쟁을 통해 영국 금융 산업의 경쟁력을 키우겠다는 야심 찬 시도였다.

실제로 영국의 금융시장이 경쟁력을 회복하자, 이에 자

극을 받은 다른 국가들도 잇따라 금융시장을 개방하고 자유화 조치를 취했다. 이와 같은 금융 자유화 조치가 우주 대폭발에 비견되는 큰 변화와 충격을 경제에도 가져다줄 것이라는 뜻에서 빅뱅으로 불린다.

우리나라도 금융 자유화에 박차를 가하고 있다. 우선 은행과 보험회사의 벽을 허물었다. 이른바 방카슈랑스 bancasurance다. 은행banque과 보험assurance의 프랑스어를 합친 용어로 은행과 보험회사가 하나로 융합된 현상을 일컫는다. 예를 들면 은행 창구에서 보험 상품을 판매하거나,

은행과 보험회사가 합병해서 예금과 보험이 결합된 새로운 상품을 개발하고 영업하는 식이다. 현재 시중은행에는 많은 방카슈랑스 상품이 개발되어 판매되고 있다.

금융의 진화와 자본시장통합법

방카슈랑스는 이름에서도 알 수 있듯이, 프랑스에서 처음 시도되었다. 1986년에 한 은행이 창구에서 보험 상품을 팔기 시작했는데, 고객들에게 커다란 인기를 얻었다. 고객의 입장에서는 보험회사보다는 은행 창구가 이용하기 편리할 뿐 아니라, 은행에서 파는 보험 상품이 더 믿을 만하다고 생각한 것이다.

우리나라의 방카슈랑스는 은행이 보험회사와 계약을 맺고 창구에서 보험 상품을 파는 단계에 머물러 있다. 앞으로는 은행이 독자적으로 보험 상품을 개발하고 판매함으로써 본격적인 방카슈랑스 시대로 접어들 것으로 전망된다.

이뿐이 아니다. 우리나라도 은행과 보험을 제외한 다른 업무를 하나의 금융회사가 수행하는 것을 허용하는 자본시장통합법을 도입했다. 증권회사, 자산운용회사, 종합금융회사, 투자신탁회사 등으로 구분된 시장 장벽을 허물고 이 업무들을 모두 담당할 수 있는 이른바 투자은행 investment bank의 탄생이 가능해졌다. 골드만삭스Goldman Sachs나 모건스탠리Morgan Stanley 같은 대형 투자은행을 우리나라에도 만들어서 세계 금융회사들과 경쟁하겠다는 취지다. 현재 우리나라에서는 미래에셋대우, NH투자증권, 삼성증권, KB증권, 한국투자증권이 투자은행 자격을 취득한 상태다.

금융회사들이 지주회사 체제를 택하는 이유

텔레비전이나 신문의 은행 광고를 보면 'ㅇㅇ금융지주'라는 문구가 마지막을 장식한다. KB금융지주, 신한금융지주, 농협금융지주, 하나금융지주, 우리금융지주 등이다. 금융지주회사는 독자적인 금융 영업을 하지는 않는다. 그렇다면 금융지주회사를 만드는 이유는 무엇일까? 금융지주회사와 은행은 어떤 사이일까?

먼저 지주회사holding company가 무엇인지부터 살펴보자. 지주회사란 계열사 여럿을 거느리고 사업을 종합적으로 관리하는 것을 목적으로 하는 회사다. 가계도를 들여다보면 부모 아래에 자녀들이 있는 것처럼 지주회사와 계열사의 관계도 이와 같다. 그래서 지주회사를 '모회사'로, 계열사를 '자회사'라고 부르기도 한다. 또 자회사가 소유하는 그 밑의 계열사는 손자회사로 불린다.

자회사는 지주회사의 우산 아래에 있지만 각 자회사는 경영 및 소유에서 독립적이다. 형의 사업이 망했다고 동생이 책임질 필요는 없는 것과 같다.

금융지주회사란 지주회사 가운데에서 금융 관련 회사만을 자회사로 소유하는 곳이다. 금융 전문 백화점이라고 생각하면 된다. 예를 들면 KB금융지주는 KB국민은행, KB손해보험, KB국민카드, KB증권, KB자산운용, KB저축은행 등을 자회사로 소유하고 있다(2018년 말 기준).

이처럼 금융회사들이 지주회사 체제로 가는 이유는 경쟁에 유리하다는 판단 때문이다. 금융회사 사이의 업무 영역이 허물어지는 추세에서 은행, 증권, 보험 등 여러 금융회사를 하나의 지주회사 아래에 소유함으로써 계열사 간 협력 체제를 구축하고, 합병 등 대형화 추세에 신속하고 능동적으로 대응할 수 있다. 은행 고객을 같은 지주회사 아래에 있는 증권회사의 고객으로 만들고, 또 증권회사 고객을 보험회사 고객으로 만드는 데에도 유리하다.

고객들의 입장에서도 한 곳에서 예금도 하고, 주식도 거

미니멀 경제학

래하며, 보험에 가입할 수 있는 이른바 원스톱 서비스를 받을 수 있어 편리하다.

2부

매일이
경제야!
매일이
금융이야!

이자의 탄생과 진화,
엔 캐리 트레이드까지

이자? 꿈도 꾸지 마!

　"난 앞으로도 당신을 나쁜 놈이라고 부를 거구, 계속 침을 뱉고, 발길질도 하겠어. 돈을 꿔주더라도 행여 친구에게 빌려준 거라고는 생각 마. 새끼도 치지 못하는 쇠붙이에서 이자를 받아먹으려는 자가 어디 있어? 차라리 원수한테 돈을 꿔줬다고 생각해. 그럼 계약을 어길 경우 떳떳이 위약금을 받아낼 수도 있을 테니까." 셰익스피어의 희곡 《베니스의 상인》에서 안토니오가 유대인 고리대금업자인 샤일록을 비난하는 말이다.

지금은 돈을 빌리거나 빌려줄 때 당연히 이자를 주고받지만, 옛날에는 그러지 않았다. 역사적으로 볼 때 돈을 빌려주면서 이자를 떳떳이 받기 시작한 지는 그리 오래되지 않았다. 이자를 받는 행위를 도덕적으로 옳지 않게 보는 시각이 지배적이었다. 기독교의 영향 탓이다.

"너희가 만일 되돌려 받을 수 있겠다고 생각하는 사람에게 꾸어준다면 칭찬받을 것이 무엇이냐? 죄인들도 그대로 돌려받을 생각으로 죄인들에게 꾸어준다. 너희는 원수를 사랑하고 좋게 대하며 되돌려 받을 생각을 하지 말고 꾸어주어라." 성경의 누가복음 6장 34~35절 말씀이다. 돈을 꿔줄 때는 원금조차 받을 생각을 말라는 말씀이니, 이자를 받는다는 것은 꿈도 꾸지 못할 일이었을 것이다.

이자를 주고받는 것을 죄악시하는 분위기는 중세에도 이어졌다. "돈은 새끼를 치지 않는다"는 말이 그 당시 사람들의 생각을 잘 대변해준다.

중세 기독교에서는 다음 같은 근거로 이자를 원칙적으로 금지했다.

첫째, 돈을 빌리는 사람은 주로 궁핍한 상태에 놓여 있는데, 상대방의 절박함을 이용해서 이익을 올리는 것은 비윤리적이다.

미니멀 경제학

둘째, 돈은 직접 무엇인가를 생산하지 못하므로 이자는 불로소득이며 이자를 받는 행위는 정당하지 않다.

셋째, 시간은 인간의 힘으로 조절할 수 없는 것으로서 신의 영역인데, 돈을 빌려주고 시간이 흐른 뒤에 대가로 이자를 받는 행위를 용납할 수 없다.

토마스 아퀴나스의 궁여지책

이자에 대한 부정적 시각에도 불구하고 실제로 사람들은 돈 거래를 하면서 이자를 주고받았다. 도덕도 종교도 사람들의 이해관계를 초월하기란 힘들었던 것이다. 더욱이 중세 시대 교회는 엄청난 자산을 보유하면서 돈을 빌려주는 위치에 있었는데, 정작 이자를 떳떳하게 받지 못한다는 현실 때문에 고민이 깊었다. 이자를 받지 않는다면 큰 수익을 포기할 수밖에 없었기 때문이다.

신학자 토마스 아퀴나스가 이 문제에 해결책을 제시했다. 원칙적으로는 이자를 금지하되, 이자를 받아도 되는 예외 조항을 둔 것이다. 채권자가 돈을 빌려줌으로써 손해를 보는 경우, 채권자가 그 돈을 더 이익이 나는 곳에 투자할 수 있음에도 불구하고 대부를 해줌으로써 포기하는 이득에 대한 보상인 경우, 채무자가 만기를 넘겨 연체했을 경우, 채무자가 돈을 빌림으로써 더 위험해지는 경우가 그것이다.

네 가지 경우를 곰곰이 따져보면, 현실적으로 거의 모든 거래에서 이자를 받는 게 가능해졌음을 알 수 있다. 결국 원칙적으로는 이자를 금지하지만 현실적으로 허용한 것이다.

이후 유럽에서는 상업 활동이 활발해지면서 대규모 자

금의 필요성이 커져갔다. 그러나 이자 수취 금지 조항 때문에 돈 있는 사람들이 대출해주는 것을 꺼려 자금 조달에 어려움이 많았다. 현실의 이치와 이해를 반영하지 못하는 법에는 편법이 생기기 마련이다. 사람들 사이에서는 이자 대신 각종 수수료라는 대가를 지불하고 돈을 빌리는 편법이 성행했다. 점차 시간이 흐르면서 고리 대금이 아닌 수준에서 이자를 받는 것이 당연시되었다.

이슬람 성전인 코란에는 "상업에 의한 이윤은 허락하나 이자는 금한다"고 되어 있다. 이에 따라 이슬람 사회에서는 지금도 이자를 금하고 있다. 대신 돈으로 기계를 구입하거나 사업에 투자한 후 그곳에서 발생하는 이윤의 일부를 되돌려주는 형식을 취하고 있다. 실질적으로는 이자이지만 형식은 이윤이라고 부르는 것이다.

돈을 빌리는 대가

그렇다면 돈을 빌리는 데 왜 대가를, 즉 이자를 지불해야 할까? 이자란 무엇일까?

돈을 갖고 있는 사람은 언제든지 그 돈을 소비해서 당장의 욕구를 충족할 수 있다. 멋진 청바지를 사 입을 수도 있고, 영화를 볼 수도 있다. 여행을 떠날 수도 있고, 더 좋은 차를 살 수도 있으며, 좀 더 넓은 집으로 이사를 할 수도 있다. 그 돈을 자본 삼아 사업을 시작할 수도 있다.

이처럼 누군가에게 돈을 빌려주는 행위는 자신이 사용할 기회를 포기한 결과인 셈이다. 돈을 빌려준 사람에게는 '포기에 대한 보상'이 필요하다. 지금 소비를 하지 않고 미래로 미루는 데에 대한 보상이기도 하며, 포기한 다른 선택, 즉 기회비용에 대한 보상이기도 하다.

우리가 은행에 예금하면 은행이 이자를 주는 이유도 마찬가지다. 예금이란 우리가 여윳돈을 은행에게 빌려주는 것이다. 그래서 은행은 우리에게 이자를 붙여준다. 그 이자는 우리가 용돈이나 세뱃돈을 친구들과 영화 보는 데 쓰지 않고 나중으로 미루는 것에 대한 보상이다.

돈에도 가격이 있다?

이자를 원금으로 나눈 비율을 이자율이라고 한다. 만약 1년에 10만 원을 저축했는데, 이자가 1,000원이 붙었다면, 이자율은 1퍼센트다. 이자율은 다른 말로 금리라고도 한다.

이자율 또는 금리는 자금 시장에서 돈의 수요와 돈의 공급에 의해서 결정되는 '돈의 가격'이다.

어떤 상품에 대한 수요가 증가하면 그 상품의 가격이 상승하듯이, 돈의 공급은 변함이 없는데 돈을 빌리려는 수요가 증가하면 돈의 가격인 금리가 상승한다. 반대로 돈의 수요는 변함이 없는데 돈을 빌려주려는 공급이 증가하면 금리가 하락한다.

그렇다면 돈의 수요와 공급은 왜 수시로 변할까?

우선, 경기와 밀접한 관계가 있다. 경기가 좋아 생산과 소비가 활발해지면 기업은 생산을 늘리기 위해서 투자를 확대하려 한다. 즉, 돈에 대한 수요가 증가한다. 따라서 금리가 상승한다. 반대로 불경기에는 기업들의 투자 욕구가 감소하므로 돈에 대한 수요가 줄어들고, 금리가 하락한다.

돈의 공급은 국민의 저축 성향에 의해 좌우된다. 국민들의 소득이 감소하거나 소비가 증가하면 그만큼 저축이 줄어들어 자금 공급이 감소하고 금리가 상승한다.

물가 변화도 금리에 영향을 미친다. 물가가 오르는 시기에는 이자로 받는 돈의 구매력이 감소해 손해를 볼 수 있으므로, 이를 보상받기 위해서 돈을 빌려주는 사람은 더 높은 금리를 요구한다. 따라서 물가가 오르고 있거나 오를 것으로 예상되면 금리도 함께 상승한다.

금리가 돈길을 바꾼다

시장경제에서 어떤 상품의 가격이 상승한다는 것은 그 상품에 대한 수요가 공급보다 많다는 신호다. 기업은 그 신호를 받아 상품을 더 생산한다. 반대로 가격이 하락하는 상품은 공급이 수요보다 많다는 신호이므로 기업은 생산을 줄여 자원 낭비를 방지한다. 가격이 기업에게 자원을 어디에 사용해야 할지에 대해서 신호를 주는 것이다.

금리도 가격이므로 이와 같은 역할을 한다. 금리가 하는 역할은 자금을 적절하게 배분하는 것이다. 금리가 상승하면 이자보다 더 많은 수익을 벌 자신이 없는 기업은 돈을 빌리지 않는다. 높은 금리로 대출을 받더라도 이익을 더 많이 낼 수 있다고 확신하는 기업만 돈을 빌린다. 이처럼 이익을 많이 낼 수 있는 기업으로 돈이 흘러가게 하고, 그렇지 못한 곳으로는 유입되지 않게 차단함으로써 돈이 효율적으로 사용되도록 한다.

여유 자금을 갖고 있는 사람들은 수익률이 높은 투자 대상을 찾아서 자금을 수시로 옮긴다. 자금의 투자 대상으로 은행 예금, 주식, 부동산이 있다고 가정해보자. 금리가 오르면 주식이나 부동산에 있던 자금을 은행 예금으로 옮긴다. 이와 반대로 금리가 내리면 은행에 있던 예금이 더 높은 수익률을 찾아서 주식이나 부동산 시장으로 이동한다. 그 결과 주가나 부동산 가격이 오른다.

금리를 알면 경제 현상이 술술 풀린다

금리는 경제 전반에 커다란 영향을 미친다. 그만큼 모든 경제 주체가 금리 변동에 촉각을 곤두세우고 그 변화를 주시한다.

전셋집을 구하기가 너무나 힘든 상황을 일컬어 언론은 '전세 대란'이란 표현을 쓴다. 이 전세 대란은 경제적인 양극화로 인한 소득 불균형과 주택 보급률에도 원인이 있겠지만, 금리도 중요한 원인 중의 하나다.

금리가 오르면 자연스럽게 은행에 예금하려는 사람들이 늘어난다. 반면에 금리가 내리면 은행에 목돈을 넣어두는 것의 매력이 줄어든다. 전셋집 주인의 입장에서 보자면, 전세금을 은행에 예치하는 것보다 월세를 받아 생활하는 것이 더 큰 이익이다. 전세를 주려는 주인이 줄어들 수밖에 없다. 결국 금리가 떨어지면 전셋집을 구하기 힘든 전세 대란이 일어날 수 있다.

금리는 기업의 투자에도 민감하게 영향을 준다. 금리가 오르면 대출에 따른 비용이 증가하므로 기업은 대출을 줄이거나 포기한다. 경제 전체적으로 투자와 경기가 위축된다.

금리는 제품 원가를 구성하는 요인이다. 기업이 새로운 사업에 대한 투자뿐 아니라 일반적인 운영을 해내려면 자금이 필요하기 때문이다. 금리가 오르면 원가가 그만큼 상승하므로 이윤이 감소한다. 그래서 금리의 인상은 제품 가격의 상승을 야기하기도 한다. 여기서 그치지 않는다. 제품 가격이 올라가면 물가도 전반적으로 상승한다.

엔 캐리 트레이드를 아시나요?

금융시장이 개방되어 있는 현대 경제에서 금리는 돈을 국제적으로도 배분한다. 예를 들어 한국 금리는 높은데 일본 금리는 낮다고 하자. 두 나라 사이의 환율 문제는 잠시 제쳐두자. 이런 상황에서는 일본에서 낮은 금리로 돈을 빌린 후, 우리나라로 가져와서 높은 금리로 예금을 하면 가만히 앉아서 두 나라의 금리 차이만큼 돈을 벌 수 있다. 완전히 앉아서 코 푸는 격이다.

이와 같은 방법으로 시세 차익을 남기는 행위를 차익 거래arbitrage라고 한다. 원리는 간단하다. 두 나라 사이에 금리 차가 심한 경우, 돈은 바다를 건너고 산을 넘어 금리가 낮은 나라에서 높은 나라로 빠르게 이동한다. 앞서 살펴봤듯이 금리가 돈길을 바꾸는 경우다. 고래를 춤추게 한 칭찬처럼, 소수점의 이자율이 돈을 춤추게 한 것이다.

실제로 2000년대 중반에 일본 금리가 '제로 금리'라 불릴 정도로 낮아진 적이 있다. 발 빠른 투자자들은 일본 은행에서 돈을 대출받아 금리가 높은 다른 나라에 투자했다. 이를 '엔 캐리 트레이드Yen carry trade'라고 부른다. 낮은 금리로 빌린 일본 엔화를 금리가 높은 국가로 갖고 가서 투자한다는 뜻이다. 이 돈은 우리나라를 비롯한 여러 국가로 흘러들어 주식, 채권, 부동산을 사는 데 쓰였으며, 그 결과 해당국가의 주가가 오르고 부동산 가격이 폭등하기도 했다.

왜 옆집은 높은 금리로
돈을 빌렸을까?

프리미엄, 위험한 게임

위험한 게임이 하나 있다. 위험하다고 해서 목숨이 걸려 있다는 뜻은 아니다. 어떤 일이 발생할지 모르는 불확실한 상황을 경제학에서는 '위험risk'이라고 말한다.

게임 참가자는 두 개의 상자 가운데 하나를 고를 수 있다. 한 상자에는 1000만 원이 들어 있고, 다른 상자에는 돈이 한 푼도 들어 있지 않다. 어떤 상자에 돈이 들어 있는지 모르므로 위험한 선택이다. 참가자가 돈이 들어 있는 상자를 고를 확률은 2분의 1이므로 이 게임의 기댓값은 500만

원이다. 돈이 없는 상자를 골라 빈손으로 게임을 마칠 것을 염려하는 참가자를 위해서 하나의 선택권을 더 제시한다. 상자를 고르는 대신에 현금 500만 원을 받고 안전하게 게임을 끝낼 수 있다.

여러분이라면 어떤 것을 선택할 것인가. 빈손이 될지언정 상자를 선택해서 1000만 원을 기대할 것인가? 아니면 안전하게 현금 500만 원을 받고 자리를 떠날 것인가?

이 게임에 참가한 사람들은 대부분 상자를 고르는 대신, 현금 500만 원을 선택한다. 만약에 참가자들이 현금을 받지 않고, 상자를 고르도록 유도하려면 어떻게 해야 할까?

상자 속에 1000만 원이 아니라 2000만 원 정도를 넣으면 상황이 달라진다. 상자를 고를 때의 기댓값이 1000만 원으로 오른다. 상자를 고르는 위험을 선택해보려는 참가자들이 늘어난다.

이와 같이 위험을 싫어하는 사람들이 위험을 선택하게 만들기 위해서 얹어주는 돈을 위험 프리미엄risk premium이라고 한다.

꿔준 돈을 돌려받지 못하면 어떡하지?

돈을 거래할 때는 언제나 돈을 돌려받지 못할 위험이 따르기 마련이다. 채무자가 파산을 하거나, 갑작스러운 사고를 당하거나, 아니면 돈을 떼먹고 줄행랑을 쳐버릴 수도 있다. 이러한 위험을 보상해주는 것이 위험 프리미엄이다.

신용이 좋은 사람과 신용이 나쁜 사람 가운데 누가 더 높은 금리로 대출받을까? 이 질문은 누가 돈을 상환하지 못할 위험이 높은지와 같다. 답은 신용이 나쁜 사람이다. 신용이 나쁜 사람은 대출을 상환하지 못할 위험이 크고 이에 대한 보상을 해주어야 하므로 높은 금리로 돈을 빌릴 수밖에 없다. 금리가 높지 않다면 어느 누구도 돈을 빌려주려고 하지 않는다.

이번에는 대출 기간에 대해 생각해보자. 1년 동안 돈을 빌려줄 때와 5년 동안 돈을 빌려줄 때 어느 쪽에서 더 높은 금리를 받아야 할까? 1년 후의 불확실성보다는 5년 후의 불확실성이 훨씬 크다. 만기가 길어질수록 돈을 되돌려 받지 못할 위험이 커진다. 그래서 만기가 긴 대출일수록 금리가 높다.

대출자에게 적용되는 금리는 시장에서 결정되는 시장 금리에 해당 대출자의 위험 프리미엄이 더해져 결정된다. 신용이 떨어지거나 대출 기간이 길수록 위험 프리미엄이 커져 적용되는 금리는 높아진다.

적용되는 금리 = 시장 금리 + 위험 프리미엄

정부도 위험 프리미엄이 있다

위험 프리미엄은 정부가 돈을 빌릴 때에도 예외 없이 적용된다. 나라가 파산하지 않는 한 정부가 원금을 갚지 못할 염려는 없으므로 정부가 돈을 빌릴 때는 위험 프리미엄이 가장 낮다. 따라서 금리도 가장 낮다.

국가보다는 파산 가능성이 높기 마련인 기업은 정부가 빌리는 금리보다 높은 금리로 돈을 빌린다. 물론 불량 기업은 우량 기업보다 높은 금리로 돈을 빌린다.

우리나라가 해외시장에서 돈을 빌릴 때에도 위험 프리미엄이 적용된다. 이번에는 우리나라와 다른 나라의 신용도 차이가 반영된다. 국제적으로 신용도가 높은 나라는 국제 시장에서 낮은 금리로 돈을 빌릴 수 있다. 미국의 경우가 대표적이다. 반면에 신용도가 낮은 나라는 미국이 빌리는 금리 수준에 해당 국가의 위험 프리미엄을 더한 수준에서 돈을 빌린다.

누구한테 돈을 빌려줄까?

금리에 위험 프리미엄이 반영되어 있다는 사실을 이해했다면, 이제 예금 금리보다 대출 금리가 더 높은 원리도 이해할 수 있다. 물론 대출 금리가 더 높은 이유는 은행이 예대마진을 통해서 이윤을 남기기 위한 불가피한 구조라고 볼 수 있지만, 또 다른 이유는 위험의 차이 때문이다.

예금자들이 은행에 예금하면서 돌려받지 못할 위험은 거의 없다. 은행의 신용도는 어느 나라에서든지 최고 수준이다. 그래서 위험 프리미엄이 거의 붙지 않는다.

반면에 은행이 돈을 대출해주는 개인이나 기업에게는 상환하지 못할 위험이 따른다. 그만큼 위험 프리미엄이 많이 붙으므로 대출 금리가 예금 금리보다 높다.

위험 프리미엄은 불가피하다. 만약 위험 프리미엄이 더해지지 않는다면 모든 기업에 동일한 금리가 적용될 것이다. 즉, 돈을 빌려주고 받는 이자가 똑같다면, 은행은 당연히 신용도가 높은 기업에게만 대출해줄 것이다. 신용도가 낮은 기업은 대출을 전혀 받을 수 없게 된다. 이보다는 이자를 좀 더 주고서라도 대출을 받아 기업을 운영하는 편이 낫다.

따지고, 따지고
또 따지자!

은행만 믿다간 큰코다친다

금융회사가 제시하는 이자도 의미 있지만, 진짜 중요한 것은 만기가 되었을 때 받게 되는 이자의 실질 가치다. 물가 상승률과 세금 때문에 우리가 손에 쥐는 실제 이자는 금융회사가 제시하는 이자와 차이가 난다.

금융회사가 예금이나 대출에서 제시하는 금리는 명목금리다. 사람들이 금리라고 말할 때 보통은 이 명목금리를 말한다. 은행의 광고 문구나 통장에 기록되어 있는 금리 역시 명목금리다.

명목금리는 그야말로 '이름뿐인 금리'다. 한마디로 빛 좋은 개살구다. 예금한 사람은 명목금리에 해당하는 이자를 받기는 하지만, 물가가 상승한 만큼 구매력이 떨어져 이자의 실질 가치가 감소하게 된다. 예를 들어 100만 원을 맡겨 5퍼센트의 명목금리로 5만 원의 이자를 받더라도 물가가 4퍼센트 오른다면 이자를 가지고 추가로 구입할 수 있는 것은 1만 원어치에 불과하다. 물가 상승이라는 복병이 이자의 대부분을 빼앗아 갔기 때문이다.

마이너스 금리의 정체

이처럼 예금자가 받는 이자의 실질 가치는 명목금리가 아니라 실질금리에 의해서 결정된다. 실질금리는 명목금리에서 물가 상승률에 해당되는 부분을 뺀 나머지 부분이다.

실질금리 = 명목금리 − 물가 상승률
명목금리 = 실질금리 + 물가 상승률

명목금리 10퍼센트에 물가 상승률 8퍼센트인 경우보다 명목금리 6퍼센트에 물가 상승률 2퍼센트가 예금자에게는 더 유리하다. 명목금리가 아무리 높아도 물가 상승률이 더 높다면 실질금리는 마이너스가 되어 예금을 한 보람이 없어진다. 명목금리는 양수다. 만약 명목금리가 마이너스라면 예금할 사람이 없을 것이다. 그렇지만 실질금리는 제로일 수도, 심지어 마이너스일 수도 있다.
마이너스 금리가 좋은 사람도 있다. 대출받은 사람의 경우에는 이자 상환 부담이 줄어들기 때문이다.

이자에도 세금이 붙는다

명목금리에 해당하는 이자도 전부 받을 수 있는 게 아니다. 바로 세금 때문이다. 회사원이 근로소득세를 내고 기업이 법인세를 내는 것처럼, 이자에도 세금이 부과된다. "소득 있는 곳에 세금 있다"는 원리가 적용되는 것이다. 그래서 예금자가 실제로 손에 쥐는 이자는 세금을 제한 나머지 부분이다. 세금을 제하기 전의 이자율을 세전 이자율이라고 하며, 세금을 제한 나머지를 세후 이자율이라고 한다.

연 5퍼센트 이자를 주는 정기예금 상품이 있다고 하자. 물론 여기에서 5퍼센트는 명목금리다. 이 정기예금에 1억 원을 맡긴 고객에게는 1년 후에 500만 원의 이자가 발생한다. 현재 이자에 대한 세율이 15.4퍼센트이므로 500만 원의 이자에 대해서 77만 원의 세금이 부과된다. 그러므로 고객은 이자 500만 원에서 세금을 공제한 423만 원을 손에 쥔다. 이는 원래 원금 1억 원의 4.23퍼센트에 해당한다.

다시 이야기하면 세전 이자율은 5퍼센트지만, 세후 이자율은 4.23퍼센트에 불과하다.

세후 이자율 = 세전 이자율 × (1 − 이자소득세율)

세금 우대 상품을 찾아라!

은행은 만기가 되면 세금을 공제하고 나머지 이자를 예금자에게 지급한다. 은행이 고객을 대신해서 세금을 납부해주므로 예금자는 이자 세금을 국세청에 따로 납부하지 않아도 된다.

우리나라에는 저축을 권장하기 위해서 이자에 대한 세금을 적게 부과하는 세금 우대 저축이 있다. 이런 예금 상품에 가입하면 이자를 한 푼이라도 더 받을 수 있어서 좋지만, 조세 수입을 늘려야 하는 정부는 이런 예금 상품에 가입할 수 있는 자격과 한도를 까다롭게 제한하고 있다.

세금을 우대해주는 예금 상품에서 발생하는 이자에 대해서는 15.4퍼센트 대신 9.5퍼센트의 낮은 세율이 적용된다. 방법은 아주 간단하다. 금융회사 창구에 가서 세금 우대로 가입하고 싶다고 말하면 된다. 가입할 수 있는 예금 한도는 1인당 1000만 원이다.

단리와 복리

부자들이
복리와 친한 이유

정말 정말 커다란 차이

　어렸을 때 자주 듣던 퀴즈가 있다. "1년에 새끼 10마리를 낳는 동물이 있다고 할 때, 10년 동안에 새끼는 모두 몇 마리 태어날까?" 단순하게 생각해서 10마리씩 10년이니까 10 곱하기 10을 해서 "100마리"라고 답했던 기억이 있다.

　그러나 이 숫자는 처음의 한 쌍이 10년 동안 낳은 새끼에 해당할 뿐이다. 새끼들이 다시 새끼를 낳고, 그 새끼들이 다시 새끼를 낳는다는 것을 감안하면, 새끼의 수는 이보다 훨씬 많아 무려 1000만 마리에 가까워진다. 놀랍다. 경

금융 설계와 경제 습관 편

89

제학의 세계에서도 이런 일이 벌어진다. 바로 이자와 관련된 세계의 일이다.

우선 이자를 계산하는 방법에는 두 가지가 있다. 예를 들어 흥부가 100만 원을 연 10퍼센트의 금리로 은행에 2년 동안 예금한다고 하자. 흥부는 첫해에 이자 10만 원을 받고 두 번째 해에 다시 이자 10만 원을 받으므로 이자로 총 20만 원을 받는다.

이런 식으로 이자를 계산해서 지급하는 방법을 단리법이라고 한다. 단리법에서는 다음과 같은 간단한 식으로 이자 총액을 계산할 수 있다.

이자 총액 = 원금 × 연 이자율 × 기간(연)

이번에는 복리법이 있다. 복리법은 원금뿐 아니라 이자에 대해서도 다시 이자를 계산하는 방법이다. 놀부가 100만 원을 2년 동안 예금하면 놀부 통장에는 1년 후에 원금 100만 원에 이자 10만 원이 더해져서 110만 원이 쌓인다.

이제 다시 1년이 지나면, 첫해에 발생한 이자 10만 원까지 포함한 110만 원을 원금으로 간주해 여기에 10퍼센트의 금리를 적용한다. 110만 원에 대한 이자는 11만 원이므로,

놀부는 2년 후에 이자로 총 21만 원을 손에 쥔다.

첫 번째 해의 이자 = 100만 원 × 0.1 = 10만 원
두 번째 해의 이자 = 110만 원 × 0.1 = 11만 원

동물이 새끼를 낳고 그 새끼가 다시 새끼를 낳아 개체 수가 기하급수적으로 증가하는 것과 같은 원리다. 복리법에 의한 이자 계산식은 다음과 같다.

이자 총액 = 원금 × $(1+연\ 이자율)^{기간}$ − 원금

복리의 마법, 만약 이자율이 10퍼센트라면?

금리가 같다면 단리법보다 복리법에 의한 이자가 더 많다. 흥부와 놀부의 사례만을 놓고 보면 단리와 복리의 차이가 1만 원으로서 별로 크지 않지만, 이는 예금한 돈이 비교적 적고, 예금 기간이 짧기 때문이다. 복리의 위력은 예금하는 돈이 많을수록 그리고 기간이 길어질수록 폭발적으로 거세진다.

지금 100만 원을 연 5퍼센트의 복리 이자율로 예금하고

기간	받을 수 있는 돈(만 원)
1년 후	105
2년 후	110
10년 후	163
20년 후	265
30년 후	432
40년 후	704
50년 후	1,147

[100만 원을 복리 5퍼센트의 상품에 예금하는 경우]

그대로 놓아둔다고 하자. 1년 후에는 105만 원이 되고, 2년 후에는 110만 원이 된다. 20년 후에는 265만 원이 되며, 50년 후에는 1147만 원이 된다. 처음 100만 원을 예금한 후 단 한 푼도 추가로 예금하지 않았는데도 이자가 이자를 낳은 결과다. 만약 이자율이 6퍼센트라면 50년 후에 1842만 원이 되며, 이자율이 10퍼센트라면 무려 1억 1740만 원으로 증가한다.

비웃음을 산 어느 아메리카 원주민 이야기

아메리카 대륙의 원주민들은 1626년에 당시 가치로 겨우 24달러어치의 물건을 받고 지금의 맨해튼 땅을 네덜란드인에게 팔았다. 이후 세상 사람들은 미국 최고의 땅값을 자랑하는 맨해튼을 너무 싸게 팔았다며 원주민들의 어리석음을 비웃었다.

그렇지만 정작 문제 삼아야 할 것은 원주민들이 받은 적은 대가가 아니라, 받은 대가를 제대로 투자하지 못한 그들의 짧은 금융 지식이다.

만약 원주민들이 24달러를 6.25퍼센트의 금리로 예금하고, 대를 이어 계속 재투자했더라면 380여 년이 지난 시점에서 그 돈은 2500억 달러로 불어났을 것이다. 2000억 달러로 평가된 맨해튼 지역의 가치보다 더 높다. 복리 효과 때문이다.

복리 계산법에서 우리가 얻을 수 있는 교훈은 간단하다. 돈을 많이 모으기 위해서는 일찍 시작해야 한다는 사실이다. "나중에 돈이 생기면 그때부터 돈을 모으면 되지!" 하면서 예금을 차일피일 미루고 있다면, 부자 되기를 포기한 사람으로 생각해도 무방하다.

1억 모으는 비결을 알려드립니다!

이제 일찍 예금을 시작하는 것이 얼마나 위력적인지 확인해보자.

흥부는 어느 정도 사회생활을 하고 금전적 여유가 있는 30세부터 정년퇴직하는 65세까지 36년 동안 매년 100만 원씩 예금했다. 흥부의 예금 총액은 3600만 원이다. 한편 놀부는 20세부터 29세까지 10년 동안만 매년 100만 원씩 예금하고 멈추었다. 놀부가 10년 동안 예금한 돈은 모두 1000만 원이다.

흥부와 놀부는 모두 복리 10퍼센트의 상품에 예금했다. 66세가 되면 누가 더 많은 돈을 받게 될까? 예금 총액이

단리에 의한 이자 총액	기간	복리에 의한 이자 총액
10만 원	1년 후	10만 원
20만 원	2년 후	21만 원
30만 원	3년 후	33만 원
⋮	⋮	⋮
100만 원	10년 후	159만 원

[단리와 복리 이자 비교: 원금 100만 원, 이자율 10퍼센트인 경우]

94
미니멀 경제학

3.6배나 많은 흥부일 것이라 생각하는가?

흥부가 받는 돈은 3억 3000만 원이다. 이에 비해서 놀부는 5억 4000만 원을 받는다. 흥부도 복리 덕분에 엄청나게 많은 이자를 벌었지만, 놀부에 비할 바가 못 된다. 이것이 바로 일찍부터 돈을 모으기 시작해야 하는 이유다. 예금 총액은 흥부가 놀부보다 3.6배나 많지만, 일찍 시작한 놀부의 예금에서 불어나는 복리 이자를 도저히 따라잡을 수 없다.

부자 되기를 싫어하는 사람은 없을 것이다. 그래서인지 부자 되는 방법에 대한 책들이 한결같이 인기를 얻고 있다. 부자 되는 방법은 의외로 가까이 있다. 비법도 간단하다. 아껴서 일찍부터 예금하는 것이다. 하루에 5,000원씩 저축

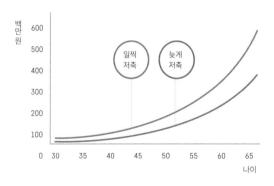

[일찍부터 저축하는 습관의 중요성: 이자율이 10퍼센트인 경우]

해도 된다. 이렇게 모은 돈을 매년 5퍼센트의 복리 상품에 넣으면 30년 후에 1억 3500만 원이 되고, 40년 후에는 2억 4400만 원이 된다. 비록 적은 금액이라도 일찍부터 꾸준히 저축하면 1억 정도는 간단히 모을 수 있다.

복리 효과는 아인슈타인을 놀라게 만들기 충분했다. 아인슈타인은 "복리는 세계의 여덟 번째 불가사의다. 복리를 이해하는 사람은 돈을 벌고, 이해하지 못하는 사람은 손해를 본다"라고 말했다.

미니멀 경제학

식탁 위 반찬이 달라지는
특별한 사연

생활비와 환율의 상관관계

우리가 1997년에 겪었던 치욕스러운 경제 위기 이후 특히 신경 써야 할 게 하나 더 늘었다. 바로 환율이다.

물건의 가격이 시장에서 결정되듯이, 외국 돈의 가격인 환율은 외환시장에서 결정된다. 외환시장은 외환 또는 외화, 즉 외국 돈이 거래되는 시장이다.

우리가 환율이라고 말할 때에는 일반적으로 미국 달러화의 환율을 말한다. 환율은 달러의 수요와 공급에 의해서 결정된다. 달러에 대한 수요가 증가하면 환율이 상승하며,

달러 공급이 증가하면 환율이 하락한다.

만약 환율이 1달러에 1,000원에서 1,100원으로 오르면, '1달러라는 상품'을 구입하기 위해서 원화를 100원 더 지불해야 하므로, 달러화가 비싸졌음을 의미한다. 그래서 환율이 상승하면 사람들은 흔히 "달러 값이 올랐다"고 말한다.

달러화의 가치가 올라 환율이 상승하면 이는 곧 원화의 가치가 하락했음을 의미한다. 이를 두고 "원화가 절하되었다" 또는 "원화 가치가 하락했다"고 표현한다. 원화 가치가 하락하면 벨기에산 삼겹살, 중국산 생선, 미국산 오렌지 값이 오르므로 우리나라 소비자의 지출 부담이 커진다. 그야말로 식탁 위의 반찬이 달라진다.

환율 상승 = 원화 가치 하락
환율 하락 = 원화 가치 상승

환전할 때 수수료를 절약하는 방법

해외여행에 필요한 경비를 준비하거나 외국에 있는 가족에게 송금하려면 은행에서 환전을 해야 한다. 은행이 우리에게 외국 돈을 파는 것이다. 반대로 해외여행에서 사용하고 남은 외국 돈을 다시 우리나라 돈으로 바꾸기 위해서도 은행에서 환전을 해야 한다. 이번에는 은행이 우리에게서 외국 돈을 사는 것이다.

은행에서는 외국 돈을 얼마에 사고팔 것인지를 결정하는 기준 값을 하나 정해놓고 있는데, 이것이 바로 매매 기준율이다. 은행 지점에 가면 전광판에 환율과 함께 나타나는 숫자가 바로 이것이다. 인터넷이나 뉴스를 통해 우리가 확인할 수 있는 환율 수치도 바로 이 매매 기준율이다.

그렇다면 우리는 매매 기준율로 외국 돈을 살 수 있을까? 아니다. 그러면 은행은 환전을 해주면서 아무런 돈을 벌지 못한다. 은행이 환전 서비스를 공짜로 해줄 리 없다.

은행이 외국 돈을 확보하거나 보관하는 데는 비용이 든다. 이를 환전 수수료라는 명목으로 고객에게 요구한다. 즉, 은행은 매매 기준율에 환전 수수료를 더해서 우리에게 환전해준다. 예를 들어 은행이 고시한 매매 기준율이 1달러에 1,000원이고 수수료가 2퍼센트라면 우리는 1달러를 사기 위해 1,020원을 내야 한다.

매매 기준율은 우리나라 외환 시장의 환율 시세를 반영하므로 은행마다 차이가 거의 없다. 환전 수수료도 경쟁으로 인해 은행 간 큰 차이가 없다. 단, 우리가 무엇으로 환전하느냐에 따라서 환전 수수료는 크게 달라진다.

예를 들어 우리가 해외로 여행을 가는 경우에는 거의 대부분 현금으로 환전한다. 우리가 외국 현금을 사는 경우에 환전 수수료가 가장 많이 붙어 가장 비싼 가격에 사게 된다. 은행이 현금에 수수료를 많이 부과하는 이유는 외국에서 현금을 들여오고 금고에 보관하는 데 비용이 많이 들기 때문이다.

은행은 고객에게 외국 돈을 팔 때 비싸게 팔고, 고객의 외국 돈을 되살 때 싸게 사들인다. 은행은 여기에서도 돈을 번다. 고객 입장에서 보면, 은행에서 외국 돈을 살 때에는 비싼 환율을 적용받고, 갖고 있는 외국 돈을 은행에 팔 때에는 싼 환율을 적용받는 것이다. 만약 은행에서 1달러를 사서 그 자리에서 바로 은행에게 1달러를 되팔아도 앉은 자리에서 손해를 본다.

이렇게 환율로 인한 손해를 피하고 싶은 사람은 남은 외국 돈을 아예 예금할 수 있다. 이른바 외화 예금이다. 나중에 필요할 때 외국 돈으로 인출할 수 있다. 우리가 하고 있는 일반 예금과 똑같이 외국 돈 자체를 은행에 예치하는 것이다.

환전 수수료를 절약하는 방법도 있다. 각 은행의 모바일

앱을 이용해 환전하면 환전 수수료를 최대 90퍼센트까지 절약할 수 있다. 그러면 매매 기준율에 가까운 환율로 환전할 수 있다.

이와 달리 공항에서 출국 직전에 환전하는 경우 매우 높은 환전 수수료를 부담해야 한다. 고객이 우리나라에서 환전할 수 있는 마지막 기회이므로 수수료와 관계없이 환전할 수밖에 없다. 이를 경제 용어로 '가격 탄력성이 매우 낮다'라고 한다. 은행은 이런 특성을 이용해 고객에게 높은 수수료를 요구한다.

예컨대 매매 기준율이 달러당 1,180원인 날, 100만 원을 은행 지점에서 환전하면 833달러를 손에 쥘 수 있다. 반면에 공항에서 환전하면 겨우 814달러밖에 못 받는다. 모바일 앱으로 환전하는 경우에는 846달러를 받는다. 무려 30달러 넘게 차이가 난다.

해외여행에서는 신용카드를

사람들은 해외여행에서 신용카드를 많이 사용한다. 그리고 해외에서 사용한 대금을 귀국 후에 결제한다. 이때에는 전신환 환율이라는 것이 적용된다.

전신환 환율은 가장 낮은 편이다. 달러(현금)를 직접 주고받지 않고 한 계좌에서 다른 계좌로 전산망을 통해 이체하는 방식이어서 은행이 환전 수수료를 가장 적게 부과한 덕분이다. 현금 거래보다는 신용카드로 결제하는 편이 유리하다는 뜻이다.

하지만 신용카드로 결제할 때에는 환율 변화가 복병이 될 수 있다. 환율이 계속 오르고 있는 중이라면 환전 수수료가 적게 붙더라도 환율 자체가 올라 결제해야 할 원화 부담이 커질 수 있다. 이런 경우에는 신용카드보다는 오히려

미니멀 경제학

현금을 사용하는 편이 유리해진다. 반대로 환율이 내리는 중이라면, 환전 수수료도 절약하고 환율 하락으로 인한 이득도 챙길 수 있어 일거양득이다.

기업가나 경제학자가 아니더라도 누구나 환율에 관심을 가져야 하는 이유가 여기에 있다. 환율은 이미 우리 일상생활 속에 뿌리 깊게 자리 잡고 있다.

해외여행에서 신용카드로 결제할 때 순간의 선택으로 손해 보는 경우가 있다. 예를 들어 일본에서 물건을 사고 신용카드를 내밀면 점원이 "한국 원화로 결제하겠느냐?"라고 질문한다.

외국에서 원화 결제가 되다니? 놀랄 수도 있다. "역시 한국인 관광객이 많아지니까 원화 결제 서비스까지 제공해주는군" 하고 생각하며, 반가운 마음에 "원화로 결제하겠다"고 대답하는 관광객이 있다.

그런데 이 선택은 똑똑하지 못한 것이다. 원화로 결제했으니 국내에서 카드를 사용한 것처럼 한 달 후에 바로 그만큼의 돈이 청구되겠거니 생각했지만, 그렇지 않다.

해외에서 현지 통화로 결제하는 과정부터 살펴보자. 예를 들어 일본에서 엔화로 결제하면 '일본 엔 → 달러 → 원'의 환전 과정을 거친다. 해외에서 사용할 수 있는 국제 신용카드 회사(비자나 마스터카드)는 달러를 원하므로 중간에 달러로 환전하는 과정이 불가피하다. 신용카드 회사는 환전 단계별로 수수료를 부과해서 수입을 챙긴다.

반면 해외에서 원화 결제를 선택하면 '일본 엔 → 원 → 달러 → 원'의 한 단계 더 복잡한 환전이 이루어진다. 물건값에 해당하는 일본 엔을 원화로 환전하는 과정이 추가되는 것이다. 이때 수수료가 붙는데, 대개 3~10퍼센트의 수준이다. 카드회사는 이 수수료 수입을 위해 원화 결제라는 미끼를 던지는 것이다.

원화 결제를 제시하는 것이 불법 행위는 절대 아니지만, 경제 지식이 부족한 사람들을 대상으로 합법적 '사기 행위'를 하는 셈이다. 이러한 사실을 모르는 관광객은 바가지를 쓴다. "경제 지식이 돈이다"라는 말이 실감 나는 순간이다.

원화로 결제하겠냐고 묻더라도 현지 통화로 결제하겠다고 답하는 것이 한 푼이라도 아낄 수 있는 꿀팁이다. 해외 직구를 하는 경우에도 마찬가지다.

왜 유학생 생활비는 들쑥날쑥할까?

외국 돈을 가지고 있거나 필요로 하는 사람들은 환율 변동에 매우 민감하다. 가만히 앉아서 손실을 볼 수 있기 때문이다. 외국에 상품을 수출하고 대금으로 1억 달러를 받았는데, 환율이 1,000원일 때 환전하면 1000억 원을 챙길 수 있지만, 환율이 900원이라면 손에 쥐는 돈이 900억 원에 불과하다. 사업을 잘못 운영했기 때문이 아니라 환율 변동으로 100억 원이나 손해를 보게 되는 것이다.

이처럼 환율 변동으로 인해서 발생하는 손해를 환차손이라고 한다. 물론 반대로 환율이 올라서 이익을 보는 경우도 있다. 환차익이다.

유학생도 환차손에 민감하다. 부모님이 매달 송금해주는 200만 원으로 생활하는 유학생은 환율이 1,000원일 때 2,000달러를 받지만, 환율이 1,100원으로 오르면 받는 금액이 1,800달러로 줄어든다. 부모님은 같은 돈을 보내지만, 환율 상승 때문에 유학 생활이 어려워진다.

해외여행할 때에도 환율은 중요한 고려 사항이다. 여행 자금으로 100만 원을 모아두었는데, 어느 날 환율이 1,000원에서 900원으로 하락하면 손에 쥘 수 있는 달러가 1,000달러에서 1,100달러로 늘어난다. 덕분에 여행 발걸음이 가벼워진다.

환차손을 피하는 한 가지 방법으로 외화예금이 있다. 외

국 돈을 은행에 예금해두었다가 필요할 때 인출하는 방법
이다. 이자까지 붙는다. 해외여행을 한 후 남은 외환이 있
고, 앞으로도 해외여행 계획이 있다면 외화예금을 염두에
둘 만하다.

다른 나라의 환율은 어떻게 정해질까?

이 세상에는 달러 말고도 많은 외국 돈이 있다. 달러를
사용하는 나라 이외의 지역으로 여행을 가려는 사람들에게
는 해당 국가 통화와의 환율도 관심 사항이다. 이들 통화와
의 환율은 어떻게 결정될까? 외환시장에서의 수요와 공급
에 의해서 결정될까?

아니다. 만약 그렇게 되려면 우리나라에 통화별로 외환
시장이 각각 존재해야 할 것이다. 즉 일본 엔화 외환시장,
중국 위안화 외환시장, 유로화 외환시장, 영국 파운드화 외
환시장, 태국 바트화 외환시장, 인도네시아 루피화 외환시
장 등이 있어야 한다. 이것은 현실적으로 불가능하며 바람
직하지도 않다. 따라서 달러 이외의 통화에 대한 원화의 환
율은 간접적인 방법으로 산출한다.

예를 들면 우리나라 원화의 대미 달러 환율이 1달러에

106

1,000원이고, 도쿄 외환시장에서 미 달러와 일본 엔화 사이의 환율이 1달러에 100엔이라 하자. 그렇다면 우리나라에서 원화와 엔화의 환율은 두 환율을 이용해서 다음과 같이 산출한다.

1달러 = 1,000원
1달러 = 100엔
⇒ 1,000원 = 100엔

즉, 1엔에 10원이다. 그런데 원화와 엔화 사이의 환율은 1엔에 원화 얼마의 형태로 나타내지 않고, 일반적으로 100엔에 원화가 얼마인지의 방식으로 나타낸다. 위 경우에는 엔화에 대한 원화의 환율은 100엔에 1,000원이라고 표현한다.

3부

현명하게
소비하고
튼튼하게
저축하기

소득

어떻게 하면
돈을 많이 벌 수 있을까?

돈은 물 흐르듯 흘러야 한다

돈을 물에 비유한 표현이다. 이 외에도 돈을 물에 비유하는 표현이 많이 있다. 둘 사이에는 어떤 공통점이 있기에 하나의 표현에 돈과 물이 함께 등장할까?

가뭄이 들면 물이 부족해 농사짓기 힘들어진다. 반대로 홍수가 나면 물이 넘쳐 농사를 망친다. 부족해도 걱정, 많아도 문제다. 나라에 유통되는 돈도 그렇다. 돈이 부족하면 장사가 되지 않아 경제가 나빠진다. 반대로 돈이 넘치면 물가가 올라 국민이 고통을 받는다.

우리 몸에 물은 필수 요소다. 그래서 물이 부족하면 탈수 현상이 나타나고 목숨마저 위태로워진다. 반대로 물이 너무 많으면 몸이 붓고 각종 질병의 원인이 될 수 있다. 마찬가지로 돈이 없으면 인간다운 삶, 기본 생계마저 유지하기 어렵다. 반대로 돈이 너무 많으면 주체하지 못해 오히려 타락의 길을 걷거나 가족 구성원 사이의 유대감이 무너지고 불행해진다.

돈과 물이 지니고 있는 공통점에 착안해 경제학자들이 즐겨 인용하는 사례가 하나 더 있다.

호수가 하나 있다. 계곡에서 물이 계속 흘러 들어오며, 다른 쪽으로는 물이 계속 흘러 빠져나간다. 당연히 호수에 고여 있는 물과 흐르는 물 사이에는 밀접한 관계가 있다. 흘러 들어오는 물이 빠져나가는 물보다 많으면 호수에 있는 물의 양이 많아진다. 비가 오는 경우라 할 수 있다. 반대로 흘러 들어오는 물보다 빠져나가는 물이 많으면 호수에 있는 물의 양이 줄어든다. 가뭄이 덮친 시기라 할 수 있다.

가뭄이 극심해도 모든 호수가 동시에 바닥을 드러내지는 않는다. 평소에 물이 많이 고여 있는 호수라면 빠져나가는 물이 더 많아도 오래 버틸 수 있다.

돈도 이렇다. 주머니로 흘러 들어오는 돈이 있다. 소득이다. 주머니에서 빠져나가는 돈도 있다. 소비다. 흘러 들어오는 돈이 빠져나가는 돈보다 많으면 돈이 고인다. 그 고인 돈이 그 사람의 자산이나 부로 축적된다.

소비보다 소득이 많으면 자산이 불어난다. 그러므로 자산을 늘리는 방법, 부자가 되는 방법 중 으뜸은 소득을 늘리는 일이다. 반대로 소득보다 소비가 많으면 자산이 줄어들거나 심하면 빚을 지게 된다. 아무리 소득이 많아도 소비가 더 많으면 돈이 고일 수 없다는 점에서 이는 상대적이다.

고인 돈, 즉 자산이 많이 있다면 일시적으로 소득이 사라지더라도 경제적 어려움 없이 버틸 수 있다. 반대로 자산이 없다면 약간의 '소득 가뭄'에도 곧 파산에 이를 수 있다.

어떤 상황이 바람직한지는 불을 보듯 뻔하다. 바람직한 상황을 유지하려면 평소에 돈 관리를 꾸준하게 잘해야 한다. 돈을 성공적으로 관리하려면 돈 벌고, 돈 쓰고, 돈 늘리는 삼박자가 균형을 이루어야 한다. 그 출발점은 뭐니 뭐니 해도 돈 버는 일이다.

근로소득과 재산소득과 사업소득

돈을 벌려면 당연히 일을 해야 한다. 일을 한다는 말은 단순히 어떤 행동을 하는 것 이상이다. 맨땅에서 하루 종일 흙을 폈다 다시 덮었다 하는 행동을 반복한다고 해서 돈이 들어오지는 않는다. 고대 그리스에서는 극악무도한 죄수에게 두 개의 물통에 물을 번갈아 옮겨 담게 하는 형벌을 내렸다. 이 형벌이 극악무도한 죄수에게 어울리지 않아 보이지만 무의미하고 가치 없는 일이어서 가장 고통스럽고 가혹했다고 한다.

다른 사람들에게 필요하고 사회적으로 가치 있는 행동을 해야 비로소 그 대가로 돈이 따라온다. 이와 같은 가치 있는 일을 할 수 있는지의 여부는 그 사람이 지니고 있는 생산요소에 달려 있다. 생산요소란 말 그대로 기업이 생산활동을 하는 데 필요한 요소다. 사람들은 기업에게 필요한 생산요소를, 예를 들어 노동을 공급하고 그 대가로 돈을 받는다. 이것이 그 사람의 소득이다. 기업이 원하지 않는 생산요소는 아무리 많이 갖고 있어도 소득으로 이어지지 않는다.

사람들이 기업에 공급하는 생산요소는 네 가지 종류로

114

구분한다. 노동, 자본, 토지, 경영(또는 기업가 정신)이다. 최근에는 노동을 인적 자원으로, 자본을 물적 자원으로, 토지를 자연 자원으로 부르기도 한다.

개인은 인적 자원(노동)을 공급하고 그 대가로 임금을 받는다. 임금의 다른 이름은 '근로소득'이다. 사람들이 벌고 있는 소득 가운데 가장 큰 비중을 차지한다.

갖고 있는 땅이나 건물을 기업에 빌려주고 그 대가로 지대(임대료)를 받는 사람들도 있다. 어떤 사람은 여유 자금을 가지고 예금을 하거나 채권을 구입한 다음에 그 대가로 이자를 받는다. 주식을 가진 사람은 회사에 있는 물적 자원(자본)을 간접적으로 소유하고 있는 셈이다. 이런 원천에서 발생하는 소득을 재산소득이라고 한다.

기업가는 인적 자원, 물적 자원, 자연 자원을 구입해 재화나 서비스를 생산해 팔고, 생산요소를 공급한 사람들에게 근로소득이나 재산소득을 지급한다. 물론 이것은 기업의 입장에서는 비용이다. 만약 기업가가 이 비용을 초과하는 수입을 번다면, 그 초과분이 이윤이다. 즉, 이윤은 기업가가 기업가 정신(경영)이라는 생산요소를 공급해 기업을 잘 운영한 것에 대한 대가이며, 이를 사업소득이라고 부른다.

사업소득은 근로소득이나 재산소득과는 성격이 크게 다르다. 근로소득이나 재산소득의 크기는 성과급처럼 약간의 변동은 있지만, 대부분은 미리 정해져 있다. 그래서 자신의 소득을 미리 예측할 수 있고, 소득 관리에 대한 계획을 수립하기 비교적 용이하다.

하지만 사업소득, 즉 이윤의 크기는 결산하기 전까지는 정확히 알 수 없다. 뛰어난 기업가 정신으로 경영을 잘한 경우에는 이윤이 많이 남을 수 있지만, 반대로 경영을 제대로 하지 못한 경우에는 한 푼도 벌지 못하거나 마이너스 이윤, 즉 손실이 날 가능성도 있다.

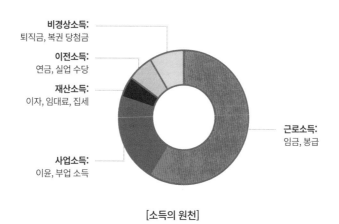

[소득의 원천]

기업은 불확실한 사업 세계에서 자신이 하는 의사결정
이 잘못될 위험에 노출되어 있으며 기업을 경영하는 사람
은 그 위험을 감수해야 한다. 기업은 생산요소를 사용하고,
그 공급자들에게 근로소득이나 재산소득을 '약속한 대로'
지불한다. 반면에 생산요소를 활용해 만든 상품은 '미래'에
판매된다.

　결과와 관계없이 지급해야 하는 비용과 달리 그에 대한
수입은 미래에 발생한다는 뜻이다. 최악의 경우 미래에 수
입을 전혀 얻지 못할 불확실성이 있다. 이처럼 위험한 의사
결정을 하는 사람이 기업가이며, 이윤은 기업가가 위험을
감수한 데에 대한 대가라고 할 수 있다.

　근로소득, 재산소득, 사업소득 외에도 이전소득이란 것
이 있다. 이전소득은 자신의 생산요소를 제공한 대가로 받
는 소득이 아니다. 정부가 무상으로 주는 생활 보조금, 국
민연금, 실업수당 등을 말한다.

　근로소득, 재산소득, 사업소득이 정기적으로 반복해서
발생하는 반면에 로또 당첨금이나 퇴직금은 일시적으로 발
생한다. 이런 소득을 비경상 소득이라고 한다.

인적 자본, 당신의 재능은 희소한가요?

한 나라의 국민들이 벌고 있는 소득 가운데 비중이 가장 큰 것, 대부분의 사람들이 기대하는 소득은 근로소득이다. 우리나라 사람들의 소득 중 60퍼센트 정도를 차지한다.

근로소득의 크기는 사람마다 천차만별이어서, 연봉이 수십억 원대인 사람도 있지만, 수백만 원에 불과한 사람도 있다. 소득의 차이는 일반적으로 소득을 창출하는 인적 자원의 질적 차이에서 발생한다.

남들보다 더 빨리 또는 더 많이 생산할 수 있는 능력을 소유한 사람은 생산성이 높으므로 많은 소득을 벌 수 있다. 남들이 하지 못하는 일을 할 수 있는 능력이나 기술의 소유자 역시 소득이 많다. 남들이 생각하지 못하는 번뜩이는 아이디어도 높은 소득의 원천이다.

남들이 갖고 있지 못한 능력이나 기술, 높은 생산성을 가능하게 해주는 지식, 기술, 경험 등을 모두 합쳐서 인적 자본human capital이라고 한다. 인적 자본은 소득에서의 차이를 설명하는 가장 중요한 요인으로서, 인적 자본이 많을수록 소득도 많아진다. 예를 들어 축구 선수 손흥민, 영화배우 톰 크루즈, 아이돌 가수 방탄소년단 등은 다른 사람이

감히 넘볼 수 없는 차별화된 인적 자본을 보유하고 있다고 할 수 있다. 그들의 소득은 평범한 사람들의 소득과는 비교할 수 없을 정도로 많다.

소득을 높이는 비결

인적 자본은 태어나면서부터 주어지거나 결정되어 있는 게 아니다. 각자 노력을 통해 습득할 수 있는 자본이다. 다른 사람들과 차별되는 인적 자본을 구비하는 데에 학창 시절의 공부가 유일한 방법은 아니지만 중요한 밑거름이 된다. 학력 차별이나 학벌 사회는 고쳐야 할 문제지만, 일반적으로 중학교 졸업자보다는 고등학교 졸업자가 소득이 더 많고, 고등학교 졸업자보다는 대학교 졸업자의 소득이 더 많다. 교육에 비례해서 지식, 능력, 기술이 풍부해진다고 인정되기 때문이다.

공부하는 데 쓰는 돈을 소비로 보지 않고 투자로 여기는 이유도 여기에 있다. 공부에 들어가는 비용은 자신의 인적 자본을 축적하기 위한 투자라는 뜻이다. 이 투자 단계에서 준비를 철저하게 잘한 학생일수록, 인적 자본을 풍부하게 구비할 수 있고, 사회에서 남들과 같은 시간을 일하더라도 더 많은 소득을 창출할 수 있다.

학력과 무관하게 소득이 많은 사람도 있으며, 남들이 꺼리는 직업을 가졌음에도 돈을 많이 버는 사람들도 있다. 이들에게는 공통점이 있다. 자신이 좋아하고 자신의 적성에 맞는 일을 하고 있다는 것이 첫 번째 특징이다. 남들이 아무리 부러워하는 직업이라도 자신의 적성에 맞지 않는다면 행복할 리 없으며, 생산성도 높을 리 없다.

경험이 풍부하고 전문성이나 특별한 재능을 지니고 있다는 공통점도 있다. 모든 일에는 나름대로의 전문성이 필요하며, 전문성이 있는 사람은 그렇지 못한 사람에 비해서 소득이 높을 확률도 높다.

프로 야구선수는 경찰보다 몇 배나 많은 소득을 얻는다.

미니멀 경제학

경찰은 자기 목숨을 걸고 범인을 잡거나 우리의 목숨과 재
산을 지켜주는데 프로 야구선수의 몇분의 1밖에 되지 않는
소득을 받는 게 공평하다고 생각하는가? 왜 그럴까? 프로
야구선수가 더 많은 소득을 버는 이유는 시속 140킬로미터
로 100개에 가까운 공을 정확하게 던질 수 있는 사람이 훨
씬 더 희소하기 때문이다.

저축

저축의 3요소와
72의 법칙

성장의 3요소와 저축의 3요소

화분에 심은 상추나 넓은 들판의 아름드리 느티나무나 식물에게는 공통점이 있다. 성장의 3요소가 필요하다는 점이다. 그 3요소는 씨앗이나 묘목, 햇빛이나 물 그리고 시간이다. 그중 어느 하나라도 문제가 생기면 식물이 제대로 성장할 수 없다.

저축하는 행위도 식물의 성장과 비슷하다. 저축을 통해 재산을 축적하는 행위에도 필수적인 3요소가 있다. 돈, 이자율, 시간이다.

첫 번째 요소인 돈은 식물의 씨앗이나 묘목에 비유할 수 있다. 그래서 경제학에서는 이를 구체적으로 종잣돈seed money이라고 부른다. 더 큰 돈을 만들기 위한 밑천이 되는 '씨앗' 성격의 돈이다. 씨앗 없는 식물이 불가능하듯, 저축하기 위해서는 소득 가운데 일부를 떼어내 미래의 목돈을 위해 은행이라는 땅에 묵혀두어야 한다.

저축의 두 번째 요소는 이자율이다. 이자율은 식물에게 필요한 햇빛이나 물에 해당한다. 물이나 광합성을 위한 햇빛이 없다면 씨앗이 성장하지 못하고 죽는다. 마찬가지로 종잣돈을 갖고 있어도 이자율이 없다면, 종잣돈을 그냥 방구석에 쌓아두는 셈이며 돈이 불어날 리 없다. 인플레이션 때문에 돈의 가치가 떨어질 뿐이다. 햇빛이 풍부하고 좋은 성분의 물이 충분할 때 식물이 쑥쑥 자라듯, 이자율이 높을수록 돈도 무럭무럭 불어난다.

마지막으로 시간이 필요하다. 상추는 하루아침에 우리가 먹을 수 있도록 성장하지 못한다. 오랜 기다림이 필요하다. 느티나무는 수백 년의 기다림이 있었기에 지금 같은 아름드리 크기로 자랄 수 있었다. 돈도 성장하기 위해서는 시간이 필요하다. 더욱이 이자가 복리로 계산된다면, 시간의 힘은 더 위력적이다.

저축을 통해 돈을 불리는 비법은 단순하다. 적당한 종잣돈을 마련하고, 높은 이자율과 넉넉한 시간을 더하면 된다. 그리고 기다린다. 자신의 나이와 함께 돈은 커다랗게 불어난다.

시간이 약이다!

이별의 아픔을 겪고 있는 사람에게 흔히 던지는 위로의 말로 "시간이 약이다"라는 말이 있다. 어떤 위로나 오락거리도 당사자에게 도움이 되지 않지만, 시간이 흐르면 이별의 아픔을 툴툴 털고 새로운 만남을 이어간다. 상처가 아물고 새 살이 돋아나는 데에도 시간만 한 약이 없다.

저축에도 이 말은 진리다. 높은 이자율도 중요하지만, 혼자 힘으로 시장에서 결정되는 이자율을 끌어올릴 도리는 없다. 식물이 햇빛이나 물을 수동적으로 받아들일 수밖에 없는 것처럼 저축하는 사람에게 이자율은 능력 밖의 영역이다. 다만 0.1퍼센트라도 높은 이자율을 찾아 이 은행에서 저 은행으로 이동할 뿐이다.

그렇지만 시간은 다르다. 본인이 결정할 수 있는 문제다. 지금부터 저축을 시작하는 사람도 있고, 내년부터 저축을 시작하는 사람도 있다. 차일피일 미루다가 평생 저축하지 못하는 사람도 있다. 평균 수명이 80세라고 할 때, 20세에 저축을 시작한 사람은 60년 동안 이자가 누적되는 효과를 기대할 수 있다. 40세에 저축을 시작한 사람은 40년 동안 이자가 누적된다. 반면 60세에 저축을 시작하면 이자가 누적되는 기간이 기껏해야 20년에 그친다. 어떤 사람이 더 많은 이자를 받고, 더 많은 돈을 불릴 수 있는지는 자명하다.

시간은 저축의 성공 여부를 결정하는 가장 큰 열쇠다. 더군다나 시간은 누구에게나 공평하게 주어진다. 엄청난 부자로 태어난 사람이나 무일푼으로 태어난 사람이나 동일한 시간을 부여받는다. 세상에 이보다 더 공평한 게 있을까. 하지만 안타깝게도 많은 사람이 세상에서 가장 값진 선물인 시간의 혜택을 제대로 활용하지 못한다.

시간을 활용한 저축에서 기대할 수 있는 가장 이상적인 혜택은 자신의 본업과 부업을 동시에 할 수 있다는 점이다. 같은 시간에 본업과 부업을 할 수 있다고? 회사에 다니면서 동시에 식당에서 일할 수 없지 않은가.

저축이라면 가능하다. 회사에 다니면서 주업으로 근로소득을 얻고, 은행에 저축한 돈을 통해 부업으로 재산소득을 얻을 수 있다. 재산소득을 얻는 과정에서 내가 신경 쓰거나 시간을 따로 들일 필요가 없다. 은행이 대신해서 내 돈을 관리해주고, 때가 되면 이자를 꼬박꼬박 지급해준다. 이보다 좋은 부업이 있을까.

나는 주업인 일에 열심히 매달리면 된다. 부업은 남이 나를 위해서 대신 해준다. 그렇게 두 군데서 동시에 돈이 생긴다. "돈이 돈을 번다"는 말이 결코 빈말이 아니다.

현재는 선물! 비결은 실천!

현재 소득이 적으니까 나중에 소득이 많아지면 그때부터 저축을 시작하겠다는 사람들이 많다. 이런 생각에는 두 가지 중대한 실수가 있다.

첫째, 나중에 소득이 많아지면 저축할 여력이 생길 것이라는 오해다. 일반적으로 나이가 많아지면 소득이 증가하지만 소비 역시 증가한다. 자신의 씀씀이가 커질 뿐 아니라 가족도 생긴다. 지금 저축할 여력이 없다가 나중에 시간이 지난다고 해서 저축할 여력이 특별히 더 생기지 않는다. 저축할 여유는 스스로 만들어야 한다.

둘째, 나중을 기약하겠다는 것은 시간을 낭비하는 선택

이다. 20세가 아니라 40세에 저축을 시작하면 이미 흘러간 20년을 낭비한 셈이다. 사람이 할 수 없는 일 중 하나는 시간을 되돌리는 일이다. 나이가 든 후에 젊었을 때부터 저축하지 않은 걸 후회해도 소용없다.

저축에서 가장 중요한 것은 바로 '지금'부터 시작하는 실천이다. 만화 영화 〈쿵푸 팬더〉에서 주인공인 팬더 포에게 스승이 한마디 조언을 한다.

"과거는 지난 것이요, 미래는 불확실하다. 오직 현재만이 우리가 관여할 수 있는 시간이다. 우리가 present(현재)를 'present(선물)'라고 부르는 이유가 여기에 있다. 현재는 선물이다."

종잣돈 마련은 아주아주 구체적으로

저축을 위한 종잣돈이든, 내 집 마련을 위한 종잣돈이든, 창업을 위한 종잣돈이든 간에 무언가를 시작하기 위한 씨앗이 되는 돈의 출발은 소득이다. 내가 받게 되는 월급을 어떻게 알뜰하게 사용하고, 계획적으로 저축하고, 전략적으로 관리하느냐에 따라 종잣돈을 빨리 모을 수도 있고, 그 씨앗의 크기가 커질 수도 있다.

똑같은 직장에서 똑같은 일을 하며 똑같은 월급을 받는 사람들이 있다. 연봉제를 채택하여 개인마다 연봉이 다른 회사들이 많지만, 그런 회사에서조차 하는 일과 경력이 비슷하다면 실제로는 연봉이 거의 비슷하다. 하지만 이런 사람들이 모두 똑같은 수준의 경제적 삶을 누리는 것은 아니다. 누구는 매달 신용카드 대금을 걱정하지만, 누구는 차곡차곡 불어나는 적금 통장을 흐뭇하게 바라본다.

알뜰함도 알뜰함이겠지만, 이 둘의 차이는 구체적인 계획을 가지고 저축하느냐 아니면 막연하게 저축하느냐에 따라 갈리기도 한다. 그래서 구체적으로 저축하는 습관이 필요하다. 3년, 5년, 10년 단위의 계획을 세우고, 금액도 1000만 원, 3000만 원, 5000만 원 등 구체적으로 계획한다. 각각 통장에 이름을 붙이는 것도 좋은 방법이다. 결혼자금, 자동차 구입, 부모님 해외여행, 첫아이 양육비, 더나아가서는 내 집 마련 등 통장에 이름표를 만들어주는 것이다.

구체적이고 계획적인 저축은 소비를 줄이는 효과도 탁월하다. 미래를 대비해서 현재의 소비를 알맞게 조절하는 것이다. 물론 목표는 현실적이어야 한다. 스스로 해냈다는 성취감을 맛볼 때, 또 다른 성취를 위해 도전할 자신감이 생긴다. 성취야말로 종잣돈을 만드는 가장 우량한 씨앗이다.

현상 유지 편향에서 벗어나세요!

사람들은 변화를 싫어하는 경향이 있다. 지금까지 해오던 것을 그대로 유지하려는 성향이 강하다. 행동경제학에서 부르는 이른바 '현상 유지 편향'이다. 자신이 살고 있는 동네를 떠나려는 사람은 별로 없다. 비록 별 볼일 없는 누추한 곳이라도 살던 곳이 편하다는 생각에서 이사 가기를 주저한다. 그러다가도 막상 이사하고 나면 새 동네에 금세 적응하고 새 동네를 좋아하기 시작한다.

저축을 시작하려는 시도가 실패하기 쉬운 이유도 현상 유지 편향으로 설명이 가능하다. 태어나면서부터 소비에 익숙해져 있는 사람들에게 저축은 신중하게 소비하고 돈을 모은다는 새로운 행동을 해야 한다는 것을 의미한다. 그래서 저축이라는 변화를 기피하고 '지금 이대로 소비'를 유지하려고 한다.

저축이라는 변화가 자신을 더 나은 상태로 이끌어주었음을 깨달은 후에야 비로소 "내가 왜 지금껏 저축하지 않았지?" 하며 후회하는 게 사람이다. "더 일찍부터 더 많이 저축할걸" 같은 생각도 한다. 마치 새 동네로 이사한 후 "이 좋은 곳에 왜 이제 왔지?" 하면서 후회하는 것과 같다.

현상 유지 편향을 지니고 있는 사람들을 저축하도록 유도하려면 넛지nudge가 도움이 된다는 연구가 있다. 넛지는 사람들의 행동을 바람직한 방향으로 이끄는 데 도움이 되는 작은 변화나 약간의 충격을 말한다.

직원들이 저축을 잘 하지 않는다는 점을 인지한 회사가 신입사원에게 저축을 유도하기로 결정했다고 생각해보자. 하지만 저축은 개인의 자유 의지에 해당하고 자신이 갖고 있는 사유 재산의 사용에 관한 영역이므로 회사가 신입사원에게 강제로 저축을 시킬 수는 없다.

그래서 이 회사에서는 넛지를 사용했다. 저축을 하지 않는 사원에게는 성가신 질문들이 잔뜩 담긴 서류를 작성해 제출하도록 했다. 그러자 신입사원의 96퍼센트가 서류 작성을 하기 싫어서 꼬박꼬박 저축을 하기 시작했다. 시간이 흐른 후 이들은 저축을 시작하게 도와준 회사에게 고마움을 톡톡히 느낄 게 분명하다.

72의 법칙을 꼭 기억하세요!

　돈을 불리는 일과 관련해서 전문가들이 재미있는 법칙을 하나 찾아냈다. 자신이 예금한 돈이 지금의 두 배가 되는 데 걸리는 기간을 쉽게 확인할 수 있는 계산법이다. 숫자 72를 이자율로 나누면 지금의 돈이 두 배로 불어나는 데 걸리는 햇수가 나온다. 이를 '72의 법칙'이라고 한다.

　예금액이 두 배가 되는 데 걸리는 햇수 = 72 ÷ 이자율

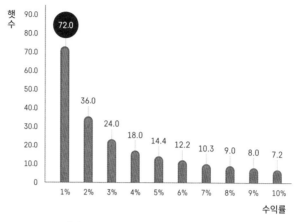

[예금액이 두 배가 되는 데 걸리는 기간]

　예를 들어 연 이자율이 10퍼센트라면, 원금 100만 원이 200만 원으로 되는 데 약 7년의 시간이 걸린다. 이자율이 6퍼센트라면 12년이 걸린다. 계산기를 가지고 복잡한 식으로 계산하지 않더라도 지금의 돈이 두 배, 네 배, 여덟 배가 되는 데 걸리는 시간을 간편하게 계산해봄으로써 예금 및 투자 계획을 수립하는 데 참고할 수 있다.

　만약 여러분이 5년 후에 지금보다 두 배의 돈이 필요하다면, '72÷5=14.4'이므로 매년 14퍼센트 정도의 수익률을 달성해야 목표를 이룰 수 있다.

132

우리는 현재 저금리 시대에 살고 있다. 저축한 원금을 두 배로 늘리는 데 필요한 기간이 그만큼 길어졌다는 뜻이다. 이자율이 6퍼센트라면 12년이 걸리지만 4퍼센트일 때는 18년, 2퍼센트일 때는 무려 36년이 걸린다. 일찍 저축을 시작하고 오래 기다려야 돈을 불릴 수 있는 시절인 셈이다.

사람들이 허겁지겁
은행으로 달려간 이유

어서 뛰어라! 뱅크런!

1930년 잘나가던 미국 경제가 곤두박질치기 시작했다. 주식은 사기만 하면 오르고 물건은 시장에 나오자마자 팔려나갔던 시절이 엊그제 같은데 갑자기 상황이 돌변해버렸다. 은행들이 문을 닫았고, 예금자들은 돈을 찾지 못해 발을 동동 굴렀다. 이 소식은 미국인들을 공포의 도가니로 몰아넣었다. 누가 먼저랄 것도 없이 앞다투어 은행으로 달려가 예금을 인출하기 시작했다.

이와 같이 많은 사람이 한꺼번에 은행으로 몰려가 자신

의 예금을 인출하는 현상을 뱅크런bank run이라고 한다. 자신의 예금을 빨리 찾으려는 사람들이 급한 마음에 은행으로 뛰어가는 모습에서 비롯된 용어다.

우리나라에서도 뱅크런이 벌어진 적이 있다. 2011년의 일이다. 한 상호저축은행이 경영 부실로 영업정지를 당하면서, 다른 저축은행에 돈을 맡긴 예금자들이 불안감을 느끼고 돈을 인출하는 사태가 벌어졌다.

정부에서 다른 저축은행들의 경영 부실 상태는 심각한 수준이 아니라고 발표했지만, 예금자들의 불안감을 진정시키기에는 역부족이었다. 그리고 몇 개의 상호저축은행이 추가로 영업정지를 당했다. 그러자 예금 인출 사태가 이어졌다. 평생 모은 돈을 은행에 맡기고 이자로 노후 생활을 하려던 할머니 할아버지들이 불안해하는 모습은 보는 이들까지 애타게 만들었다.

가장 큰 문제는? 근거 없는 두려움!

상호저축은행은 왜 영업정지를 당했을까? 은행은 고객들이 예금한 돈을 모두 금고에 쌓아두지는 않는다. 은행은 예금의 대부분을 기업이나 돈이 필요한 개인에게 빌려준다. 그래서 은행 금고에는 많은 돈이 남아 있지 않다.

평소보다 많은 사람이 갑자기 한꺼번에 예금을 인출하면, 아무리 튼튼한 은행이라도 버틸 재간이 없는 것은 이 때문이다. 사람들이 은행을 믿고 있을 때는 문제가 되지 않는다. 은행에 대한 믿음이 무너져 불안과 공포로 이어지면, 뱅크런이 발생해 건전한 은행마저 위태로워질 수 있다. 실제로 뱅크런으로 인해 1930년부터 1933년 사이에 미국에서는 수천 개의 은행이 파산했다.

사람들의 불안 심리는 어떤 전염병보다 빠르게 전염된다. 그리고 두려움은 공황, 즉 패닉panic으로 번져갔다. 한번 돌기 시작한 두려움이란 전염병은 쉽게 잡히질 않았다. 좀 더 근본적이고 확실한 처방이 필요했다.

나라가 지급을 보장해드립니다!

미국은 예금보험이라는 카드를 내놓았다. 예금자들이 거래하고 있는 은행이 파산하더라도 정부가 대신 예금을 지불해줄 테니 예금을 돌려받지 못할 것이라는 걱정을 하지 말라는 것이다. 그러자 뱅크런 현상이 사그라들었다. 예금보험제도가 도입된 1933년부터 미국에서 은행 파산이 진정되었다.

이후 세계 각국은 미국을 따라서 예금보험제도를 도입하기 시작했다. 평소에 보험료를 내던 사람에게 갑자기 화재, 질병 등의 사고가 발생하면 보험회사가 보험금을 지급해주는 것이 바로 보험이다. 이 보험의 아이디어를 은행의 예금에 적용한 것이 예금보험제도다.

은행을 비롯한 금융회사는 보험료를 낸다. 그러다가 은행이 예금을 지불할 수 없는 처지가 되면 보험회사가 대신 고객의 예금을 지급해주는 것이 예금보험제도다. 다만, 이 일을 담당하는 보험회사는 우리가 알고 있는 일반 보험회사가 아니라 정부가 설립한 기구, 예금보험공사라는 곳이다.

우리나라의 예금보험제도

우리나라는 1997년 1월에야 비로소 예금보험제도를 실시했다. 그 이전까지 우리나라는 예금보호제도의 필요성을 별로 느끼지 못했다. 정부가 금융회사, 특히 은행의 든든한 후원자 역할을 해주었기 때문이다.

은행이 파산하면 피해가 경제 전반에 걸쳐 심각하게 확

산되므로 정부는 부실한 은행을 지원해주고 회생시켜주는 믿음직스러운 '부모' 역할을 했다. 그래서 우리나라에서는 "은행은 절대로 망하지 않는다"는 믿음이 국민 사이에 퍼져 있었다.

그러나 1995년에 세계무역기구WTO가 출범하면서 상황이 바뀌었다. 은행은 이윤을 추구하는 기업이다. 그 기업에 정부가 보조금을 주어 지켜주는 행위는 불공정하다는 것이 국제 규범이다. 세계무역기구의 회원국인 우리나라로서는 국제 규범을 따라야 했고, 정부가 더 이상 은행의 후원자 역할을 하기 어려워졌다.

그 대신 정부는 예금보험제도를 도입해 국민들을 안심시킨 것이다. 그리고 그해 가을 우리에게 경제 위기가 닥쳤다. 많은 은행이 부실해졌으며 실제로 일부 은행이 파산 위기에 몰렸다.

도덕적 해이는 곤란해!

우리나라에서는 예금자 1인당 이자를 포함해 최고 5000만 원까지 보장해주고 있다.

여기에서 한 가지 궁금증이 생긴다. 보장을 무한정해주면 예금자들이 더 좋아하고 보험의 역할을 더 확실히 할 수 있을 텐데, 왜 그러지 않을까? 혹시 우리나라만 야박한 건 아닐까?

속사정이 있다. 경제학자들이 '도덕적 해이moral hazard'라고 부르는 현상을 예방하기 위해서다. 모든 금융회사에 대해서 모든 예금을 무한정 보장해준다고 상상해보자. 예금자는 우량 금융회사를 가려내려는 노력을 할 필요가 없다. 한 푼이라도 이자를 더 주는 금융회사에 돈을 맡기면 그만이다. '만약 문제가 생기더라도 정부가 예금을 모두 돌려주니까'라고 생각하기 때문이다. 이런 현상을 도덕적 해이라고 한다.

예금자 보호를 실시함과 동시에 도덕적 해이로 인한 부작용을 예방하기 위해서 정부는 예금자가 보장받을 수 있는 예금의 최대한도를 설정했다. 파산하게 될 금융회사를 선택한 책임을 예금자에게도 일부 묻겠다는 취지다. 이는 다른 나라도 마찬가지다. 예를 들면 미국에서는 25만 달러, 일본에서는 1000만 엔까지 보장해준다.

모두가 보호를 받는 건 아니야!

예금할 돈이 5000만 원보다 많아서 걱정일 수도 있다. 행복한 고민이다. 이런 사람에게도 길은 있다. 예금 보장 한도는 한 사람당, 한 금융회사당 적용된다. 그러니 여러 금융회사에 분산 예치하면 된다. 모든 금융회사가 동시에 파산하더라도 각각에 대해 5000만 원씩 보장받을 수 있다. 이 정도면 보통 사람들의 입장에서는 실질적으로 무한정 보장이라고 볼 수 있다.

다만 몇 가지는 명심할 필요가 있다. 우선 금융회사 가운데에는 은행, 증권회사, 보험회사, 종합금융회사, 상호저축은행이 보호 대상이다. 그렇다고 이 금융회사들이 판매하는 모든 금융 상품이 예금자 보호를 보장하지는 않는다. 보통예금, 정기예금, 외화예금 등 은행권에서 팔고 있는 대부분의 예금은 당연히 예금자 보호가 적용되지만, 주식 펀드와 채권 투자 상품 같은 투자 상품이나 실적에 따라 이윤을 배당받는 상품은 예금자 보호를 받지 못한다.

간단히 얘기하면 일반적인 예금은 보호를 보장하지만,

금융회사	예금자 보호가 되는 금융상품	예금자 보호가 되지 않는 금융상품
은행	보통예금, 외화예금, 정기예금, 정기적금 등 대부분의 예금, 연금신탁, 퇴직신탁 등 원금보전형 신탁	양도성예금증서, 환매조건부채권 간접투자상품(수익증권, 뮤추얼펀드 등) 특정금전신탁 등 실적배당형 상품 농수협중앙회 공제상품
증권사	증권저축, 위탁자 예수금, 저축자 예수금, 수익자 예수금 등의 현금 잔액	간접투자상품(수익증권, 뮤추얼 펀드 등) 유가증권, 청약자 예수금, 환매조건부채권, 증권사 발행 채권
보험회사	개인이 가입한 보험계약, 퇴직보험계약	법인이 가입한 보험계약 보증보험계약, 재보험계약 변액보험계약
종합금융회사	발행어음, 표지어음, 어음관리계좌(CMA)	수익증권 환매조건부채권 종합금융회사 발행 채권, 매출어음
상호저축은행	대부분의 예금, 상호저축은행 중앙회 발행 자기앞수표	-

[금융회사별 예금자 보호 상품]

투자와 관련된 상품은 보호를 받지 못한다. 높은 수익률을 노리고 투자하는 금융 상품은 고수익의 열매뿐 아니라 파산의 위험도 본인이 책임져야 한다는 취지다.

이자까지 따져보는 센스!

두 곳의 은행에 각각 예금했는데 그 가운데 한 은행이 망해서 다른 은행과 합병하는 경우를 상상해볼 수 있다. 이런 경우에는 합병일로부터 1년까지는 각각 보호 한도 5000만 원이 적용되지만, 1년이 지난 후부터는 한 은행으로 간주되어 5000만 원까지만 보호된다.

가족 이름으로 따로 예금하더라도 차명 계좌로 판명되는 경우에는 보장받지 못한다. 우리나라는 금융 거래를 실명으로 해야 한다는 금융실명제를 실시하고 있기 때문이다. 예를 들어 초등학생 아들의 이름으로 5000만 원을 예금한 경우, 초등학생이 직접 5000만 원을 모으는 것은 현실적으로 어려우므로 차명 계좌나 증여 가운데 하나일 혐의가 짙다. 만약 증여세를 냈다면 실명 계좌로 처리되지만, 증여세를 내지 않았다면 차명 계좌를 개설한 것으로 간주된다.

고객이 7퍼센트의 금리 상품에 1000만 원을 예금했는데 은행이 망했다고 하자. 원금과 이자를 합해도 예금자 보호 한도인 5000만 원에 미달하므로 원금은 확실히 돌려받지만, 불행하게도 이자는 그렇지 않다.

예금보험공사는 은행이 약속했던 금리는 없었던 것으로 취급하고, 예금보험공사가 인터넷에 고시하는 '예금보험 적용 이자율'을 대신 적용한다. 이 금리는 시중 금융회사들이 제시하는 금리보다 훨씬 낮다. 불량 은행을 선택한 것에 대한 본인의 책임으로 이자를 적게 받는 것이다. 그러므로 예금보험제도가 있다고 하더라도 우량한 은행을 찾아 거래하는 노력이 필요하다.

안전한 금융회사를 고르는 방법

은행이 얼마나 안전한지를 파악할 수 있는 한 가지 기준이 BIS(Bank for International Settlements)라는 국제기구가 제시한 '자기자본 비율'이다. 흔히 BIS 비율이라고도 부른다. 우리나라는 1997년에 BIS의 정식 회원으로 가입했다.

현재 자기자본 비율은 어느 금융회사가 얼마나 안전한

지를 객관적으로 측정하는 국제 지표로 널리 쓰이고 있다. BIS는 이 비율을 8퍼센트 이상으로 유지하도록 각국 금융 회사들에게 권고하고 있다. 경제 위기를 겪은 바 있는 우리 나라는 국내의 주요 은행들에 대해서 한층 강화된 12퍼센트를 권고해왔다.

말이 좋아서 권고지, 이 기준을 맞추지 못하면 국제 금융 거래를 제대로 하지 못한다는 점에서 실제로는 의무 사

항이라 할 수 있다. 외국에서 우리나라 금융회사의 건전성을 평가할 때에도 이 비율을 잣대로 사용한다.

따라서 자신의 돈을 맡길 금융회사를 선택할 때, BIS 비율이 12퍼센트를 넘는지를 확인하면 금융회사가 안전한지를 파악하는 데 도움이 된다. 모든 금융회사는 홈페이지에 이 비율을 공시하고 있다.

신용카드

지불하는 방법도 가지가지?
현명한 소비자의 선택!

돈을 빌려주는 신용카드 회사

길거리를 지나는데 신발 가게에 시선이 확 쏠린다. 그토록 신고 싶었던 하얀 운동화가 대폭 할인을 한단다. 할인된 운동화 가격은 10만 원.

하지만 지갑에는 현금이 없다. 은행에서 돈을 찾으려 해도 남아 있는 잔액이 별로 없음을 깨닫는다. 이번 달 월급이 들어오려면 아직 2주나 남았다. 그때면 할인 기간이 끝난다. 어쩌면 좋을까?

돈을 빌려야겠다는 생각이 든다. 누구에게 빌리지? 친

146

구? 동료? 과연 그들이 나에게 돈을 빌려줄까? 언제 만나서 돈을 받지? 돈을 빌려 운동화를 사려는 나를 어떻게 생각할까? 온갖 생각이 꼬리에 꼬리를 물고 뇌리를 스친다.

이와 유사한 경험을 한 사람이 한둘이 아니다. 여기에 구원자로 나선 곳이 신용카드 회사다. 친구나 동료가 아니라 생면부지의 신용카드 회사가 돈을 빌려준다. 서로 만날 필요도 없고 친구들 사이에서 소문이 날 이유도 없다. 신용카드 회사가 만들어준 플라스틱 신용카드만 있으면 현금이 한 푼 없어도 당장 물건을 살 수 있다. 공짜로 물건을 살 수 있게 해주는 마법 같다. 이 마법의 카드는 언제 어떻게 생겨났을까?

1910년대 초반 미국의 일부 백화점이 우수 고객들에게 신용카드를 발급해주었다. 이것이 최초의 신용카드로 알려져 있다. 다만 카드를 발급한 백화점에서만 사용할 수 있다는 단점이 있었다.

1920년대에 들어 미국인 사이에 자동차가 급속히 보급되고 여행이 증가하면서 미국 전역의 주유소에서 사용할 수 있는 신용카드가 등장했다. 이 역시 주유소에서만 사용할 수 있었다. 두 사례 모두 특정 업종에서만 사용할 수 있었다는 점에서, 전국 거의 모든 상점에서 사용할 수 있는 오늘날의 신용카드와는 다소 거리가 있다.

1949년 미국 시카고의 사업가 프랭크 맥나마라Frank McNamara는 친구와 뉴욕의 식당에서 식사를 마친 뒤 계산을 하려다가 지갑을 호텔 객실에 두고 왔음을 깨달았다. 그는 다른 사람들도 종종 이 같은 낭패를 겪는다는 것에 착안하여 아이디어를 떠올렸다. 여러 가게에서 두루 사용할 수 있는 신용카드가 그것이다.

1950년에 그는 우선 27개 식당에서 사용할 수 있는 신용카드를 만들었다. 그래서 카드 이름도 식사하는 사람이라는 뜻의 '다이너스 클럽Diners Club'으로 지었다. 이듬해에 다이너스 클럽 카드는 사용 범위를 호텔로 확장했다. 같은 해에 미국의 한 은행이 여러 업종의 가게에서 사용할 수 있는 신용카드를 발급하기 시작했다. 오늘날 신용카드의 본격적인 출발이라 할 수 있다.

우리나라에서는 1978년에 처음으로 신용카드가 생겨났다. 역사는 짧지만 보급 속도는 5G급이었다. 2018년 기준으로 1억 장 가까이 발급되어 15세 이상 경제활동인구 1인당 평균 네 장의 신용카드를 갖고 있다. 1인당 5.3장인 미국보다는 적지만 싱가포르, 영국, 네덜란드, 독일보다 훨씬 많아 세계 상위 수준이다. 국내총생산에 대비한 신용카드 사용액 비중이 세계 1위라는 통계가 있을 정도로 우리나라는 신용카드 천국이다.

신용카드 거래의 이면

신용카드는 참 신기한 물건이다. 카드를 단말기에 꽂기만 하면 물건을 살 수 있다. 자고로 신기한 것은 위험하고, 무엇인가 가려져 있는 것은 은밀한 법이다.

신용카드를 사용하는 것은 신용카드 회사가 사용자를 대신해 상점에 돈을 내준다는 의미다. 신용카드를 사용하는 순간 대출이 이루어진 셈이다. 사람들이 신용카드를 사용하는 순간부터 대금 결제에 이르기까지의 과정을 자세히 들여다보자.

소비자가 신용카드를 사용해 옷을 구입하면 상인은 매출 전표(영수증)를 발급한다. 신용카드 사용자는 매출 전표에 서명한 후 옷을 가지고 매장을 나서는 것으로 일단 거래를 마친다. 돈 한 푼 내지 않고 옷을 산 셈이다.

상인이 매출 전표를 신용카드 회사에 제시하면, 신용카드 회사는 상인에게 그 금액에 해당하는 돈을 지불한다. 그리고 한 달에 한 번 신용카드 회사는 카드 사용자에게 대금을 결제하도록 고지서를 보낸다. 결제에 맞춰 카드 사용자가 사용 대금을 신용카드 회사에 납부하면 비로소 옷 구입과 관련된 거래가 모두 마무리된다.

상인은 신용카드를 사용해서 옷을 구입하는 소비자가 대금을 갚을 능력이 있는지 또는 갚을 의향이 있는지에 대해 전혀 신경 쓸 필요가 없다. 신용카드 회사가 돈을 대신 지급해주기 때문이다. 최종적으로 구매자에게 대금을 받아내는 일은 신용카드 회사의 몫이다.

신용카드 회사가 한 달에 한 번 대금 결제를 청구할 때까지 신용카드 사용자는 대금을 지급할 필요가 없다. 이 기간 동안 신용카드 회사는 사용자를 믿고 돈을 빌려준다. 이 기간 동안에는 이자도 붙지 않는다. 그러나 결제 날짜를 지키지 못한 고객에게는 처벌이 가해진다. 은행에서 대출받을 때보다 훨씬 많은 이자가 붙는다. 약속을 어긴 데에 따른 일종의 징벌이다.

모순같이 들리지만 매달 밀리지 않고 꼬박꼬박 결제 대금을 갚는 고객을 신용카드 회사에서는 싫어한다. 고리의 이자를 벌 수 있는 기회를 주지 않기 때문이다.

신용카드 회사가 돈 버는 방법

신용카드 회사는 약 한 달 동안 이자도 받지 않으면서 왜 신용카드 소지자에게 돈을 빌려줄까? 도대체 신용카드 회사는 어떻게 돈을 벌까?

신용카드 회사는 상인에게 매출 전표를 근거로 대금을 결제해주면서 일정한 수수료를 떼는데, 이것이 신용카드 회사의 수입이다. 즉, 100만 원어치의 상품을 판 상인은 신용카드 회사로부터 100만 원을 모두 받지 못하고 수수료를 뗀 나머지를 받는다.

수수료율은 업종별로, 가맹점 규모별로, 신용카드 회사별로 제각각이다. 0.8~1.95퍼센트 정도의 수수료율이 적용되고 있다(2019년 기준). 또한 신용카드 회사는 신용카드를 사용할 수 있는 권한을 주는 대가로 사용자로부터 연회비를 받는다. 이 역시 신용카드 회사의 쏠쏠한 수입이 된다.

언뜻 생각하면 상인에게 불리할 것 같은 신용카드가 널리 사용되고 있는 이유는 상인과 소비자 모두에게 편리와 이익을 제공하기 때문이다. 상인은 일종의 외상 거래이므로 신용카드가 없을 때보다 매출이 늘어나는 효과를 기대할 수 있어 이익이다.

상인이 소비자와 외상 거래를 한다면 돈을 받으려고 직접 뛰어다녀야 하고 간혹 돈을 받지 못하는 경우도 생긴다. 신용카드를 통한 거래에서는 이 모든 일을 신용카드 회사에게 넘기므로 돈을 받지 못할 염려가 없다.

또 소비자는 현금이 없더라도 물건을 사거나 서비스를 이용할 수 있어서 편리하다. 한 달 동안 이자 없이 돈을 빌려 쓸 수 있는 것이다.

현금 할인의 유혹

신용카드로 결제하려는 고객에게 상점이 현금 결제를 유도하는 경우가 있다. 여기에는 두 가지 목적이 있다. 현금으로 받아 탈세를 하려는 목적이 그 첫 번째다. 현금 매출은 전산에 기록되지 않아 국세청에서 거래 실적을 포착하지 못한다.

현금으로 결제하더라도 현금 영수증을 발급받으면 거래 기록이 국세청에 전달되므로 탈세를 예방할 수 있다. 하지만 상점은 현금 영수증을 발급하지 않는다는 조건을 받아들이는 고객에게 가격의 10퍼센트를 할인해주겠다며 매

미니멀 경제학

혹적인 미끼를 던진다. 저렴한 가격에 물건을 살 수 있으니 많은 소비자가 이 달콤한 유혹을 뿌리치지 못한다. 하지만 이는 상점의 탈세를 간접적으로 도와주는 행위다.

상점이 현금 결제를 선호하는 두 번째 목적은 카드 수수료를 피하기 위함이다. 심지어 어떤 상점은 신용카드 수수료를 고객에게 떠넘기기 위해서, 현금 대신에 신용카드를 사용하겠다는 고객에게 더 높은 가격을 부르기도 한다.

두 가지 행위 모두 엄연한 위법 사항이다. 여신전문금융업법 19조 1항에는 "신용카드 가맹점은 신용카드로 거래한다는 이유로 결제를 거절하거나 신용카드 회원을 불리하게 대우하지 못한다"라고 명시되어 있다.

또한 같은 법 19조 4항은 "신용카드 가맹점은 가맹점 수수료를 신용카드 회원이 부담하게 하여서는 아니 된다"고 규정하고 있다.

신용카드 회사는 '현금 서비스'라는 친절한 서비스를 제공하기도 한다. 신용카드 소지자에게 현금을 직접 빌려주는 것이다. 신용카드 소지자로서는 은행에서 대출받을 때와 달리 별다른 서류를 준비하지 않아도 되고 곳곳에 설치되어 있는 기계에서 바로 현금을 인출할 수 있어 편리하다.

하지만 신용카드 현금 서비스는 대출과 마찬가지이므로

이자를 내야 한다. 이자율도 은행에서 대출받는 경우보다 훨씬 높다. 정말 긴급한 일이 아니라면 현금 서비스는 피해야 한다. 현금 서비스의 이자는 이용 날짜 수에 따라 달라지므로 불가피하게 현금 서비스를 받은 후에 여유 자금이 생기면 빨리 갚는 게 유리하다.

급한 불 끄려는 돌려 막기

현금 없이 물건을 살 수 있다는 이유로 자신의 경제적 능력을 벗어나 신용카드를 사용하는 사람이 있다. 이런 사람에게 신용카드란 자신이 마치 부자가 된 듯 착각하게 만드는 환각제와 같다. 쓸 때는 좋지만 갚을 날이 되면 환각에서 깨어나 땅을 치며 후회하기 일쑤다.

이들 가운데 일부는 편법을 쓰다 더 큰 화를 자초한다. 갚을 돈이 없는 경우 다른 신용카드에서 현금 서비스를 받아 결제하는 방법이다. 그리고 다시 이 카드의 결제일에 돈이 없으면 또 새로운 신용카드를 활용해 지불하는 식이다.

이처럼 여러 장의 신용카드로 이른바 '돌려 막기'를 해서 간신히 한 달 한 달을 버텨나가는 사람들의 종착지는 불을 보듯 뻔하다. 현금 서비스 이자는 눈덩이처럼 불어난다.

154

신용카드 돌려 막기는 자신이 갖고 있는 다른 신용카드로 현금 서비스를 받을 수 있거나, 새로운 신용카드를 발급받을 수 있을 때까지만 가능하다. 곧 현금 서비스도 한도에 도달하고 신용카드 신규 발급이 벽에 부딪히면 돌려 막기는 한계에 다다른다. 그 마지막은 곧 파산을 의미한다.

스스로를 속이는 사기

돌려 막기의 원조가 누구인지 정확하게 말할 수는 없지만, 미국뿐만이 아니라 세계 금융시장을 뒤흔들었던 찰스 폰지Charles Ponzi의 행태는 돌려 막기의 전형을 보여준다. 이탈리아 출신인 그는 1920년에 미국 보스턴에서 "45일에 50퍼센트, 90일에 100퍼센트"라는 엄청난 수익률을 제시하면서 투자자를 모았다. 황당하기 그지없는 과장 광고였지만 당시 4만 명의 투자자가 쌈짓돈을 맡겼다. 그 후 어떻게 되었을까?

폰지는 처음에 약속을 지켰다. 하지만 그가 정말로 투자를 잘해서 수익을 돌려준 게 아니었다. 나중에 투자한 사람의 돈을 먼저 투자한 사람에게 수익이라고 속여 내주었다. 돌려 막기를 통해서 약속을 지킨 것처럼 사기를 친 것이다.

새로운 투자자가 계속 나타나 돈을 맡겼다면 이 수법을 유지할 수 있었겠지만, 허황된 광고에 속을 사람을 계속해서 모을 수 없었다. 결국 새로운 투자자를 모으지 못해서 약속한 수익을 돌려주지 못하게 되었고, 폰지의 사기 행각은 막을 내렸다. 결국 그는 감옥에 갔다.

이후에도 잊을 만하면 이와 유사한 사기 행각으로 세상이 시끌벅적해지곤 한다. 이러한 사기 행태를 그의 이름을 따서 '폰지 사기'라고 부른다. 지금도 가끔 이런 식으로 사람들을 유혹하는 사기꾼이 있으니 조심해야 한다.

포인트는 마케팅일 뿐

누구나 포인트, 마일리지, 적립금을 쌓아준다는 카드를 몇 개쯤 가지고 있을 것이다. 패밀리 레스토랑, 패스트푸드점, 영화관을 이용하는 사람들도 결제를 하면서 돈과 함께 이런 카드를 내민다. 주유소, 미용실, 마트, 슈퍼마켓 등도 포인트를 이용하는 마케팅으로 고객을 유혹한다. 동네 앞 문방구에도, 서점에도 포인트 제도가 있다.

신용카드 회사도 포인트 마케팅을 적극적으로 벌이고 있다. 신용카드를 사용할 때마다 사용 금액의 일정 비율을 포인트로 적립해주고, 이를 현금처럼 사용할 수 있게 해준다.

이왕 신용카드를 쓸 바에야 포인트를 많이 얻을 수 있는 방향으로 사용하는 게 유리하다. 이를 위해서는 먼저 자신에게 가장 유리한 포인트를 제공해주는 신용카드가 무엇인지를 파악한 후, 그 신용카드를 주로 사용해야 한다.

그러나 오로지 포인트 적립을 위해 신용카드를 더 많이 사용하는 우를 범해서는 안 된다. 이 경우 포인트는 득이 아니라 오히려 실이다. 신용카드 회사가 던진 포인트라는 미끼를 덥석 무는 물고기 꼴이다. 포인트는 정상적으로 신용카드를 사용하면서 보너스로 받는 혜택 정도로 생각해야 한다.

적립을 많이 하는 것도 중요하지만 포인트를 잘 관리해야 한다. 신용카드 포인트의 유효기간은 대체로 5년이다. 신용카드 회사의 입장에서 보면 포인트는 빚이다. 마케팅 차원에서 포인트를 제공하고 있지만, 빚이 마냥 쌓이는 것을 좋아할 회사는 없다. 그래서 신용카드 회사들은 5년이 지난 포인트는 소멸시킨다.

자료에 의하면 매년 1000억 원이 훨씬 넘는 포인트가 소멸된다고 한다. 그렇다고 유효기간이 다 되어가는 포인트를 소진하기 위해서 필요하지도 않은 소비를 하는 일은 더 어리석다. 남아도는 포인트를 사회단체에 기부하는 방법도 있다.

전자화폐

디지털 기술의 발전과
돈의 변신

신용카드는 양날의 검

　신용카드는 어떻게 사용하느냐에 따라서 약이 되기도 하고 독이 되기도 한다. 신용카드 덕분에 우리는 한꺼번에 많은 현금을 가지고 다니지 않아도 되고, 현금을 분실할 걱정을 하지 않아도 된다. 신용카드를 사용하면 한 달 정도 대금 납부를 하지 않아도 되므로 당장 돈이 없더라도 필요한 물건을 살 수도 있다.

　신용카드 회사의 판촉 활동을 잘 이용하면 물건을 몇 달 동안 무이자 할부로 구매할 수도 있으며, 해외에서도 외국 돈 없이 신용카드로 물건을 구매한 다음 귀국 후 결제할 수도 있다. 인터넷 쇼핑을 할 때도 결제 수단으로 요긴하다. 신용카드를 적절히 사용하고 제때에 대금을 결제하면 자신의 신용을 쌓는 데에도 유리해진다.

반면 신용카드는 전혀 다른 얼굴도 갖고 있다. 자기 관리를 제대로 하지 못하는 사람은 과도한 구매의 유혹에 빠지기 십상이다. 현금으로 사려면 엄두도 못 낼 물건이지만 신용카드라면 과감히 구입한다. 남들에게 멋지게 보이고 싶어서, 새 물건을 가지면 신나서, 기분 전환을 위해서, 작

은 사치를 누리려고 등등 구매 이유도 참으로 다양하다.

하지만 결제 대금을 갚아야 하는 시점이 다가오면 비로소 "내가 무슨 짓을 한 거지?" 하면서 정신이 번쩍 든다. 돈이 모자라 제때에 갚지 못하면 갖은 고통을 겪는다. 연체 금액에 대해서는 이자를 많이 부담해야 하는 고통은 기본이다. 더욱이 이때의 이자는 복리로 불어난다. 오랫동안 연체하면 빚보다 연체 이자가 더 커지는 현상도 발생한다.

이게 다가 아니다. 정신적 고통도 수반된다. 하루라도 연체하게 되면 카드회사의 독촉 전화를 받아야 한다. 갖고 있는 신용카드는 사용 중지가 된다. 3개월 이상 대금을 갚지 못하면 금융 채무 불이행자, 이른바 신용 불량자로 낙인 찍힌다.

신용카드가 자신의 구매 능력을 높이는 것이 아니라 지불을 잠시 늦춰주는 것뿐이라는 점을 명심해야 한다. 현명한 소비생활은 구매 능력 범위 안에서 소비할 줄 아는 의사결정 능력이 관건이다. 만 18세 이상인 사람에게만 신용카드를 발급해주는 것도 이 때문이다.

① 현금 없이도 물건을 살 수 있다.

② 많은 현금을 가지고 다니지 않아도 된다.

③ 할부 구매가 가능하다.

④ 해외에서 사용할 수 있다.

⑤ 인터넷 쇼핑에서 사용할 수 있다.

⑥ 간편하게 현금 서비스를 받을 수 있다.

① 충동구매를 할 수 있다.

② 결제일을 넘기면 이자 부담이 커진다.

③ 분실할 경우 피해가 커질 수 있다.

④ 개인 정보가 유출될 수 있다.

[신용카드의 장점과 단점]

직불카드, 체크카드, 선불카드

이와 같은 신용카드의 문제점을 보완할 수 있는 다양한 카드가 출시되어 있다. 직불카드, 체크카드, 선불카드가 그 것이다.

직불카드debit card는 사용하는 즉시 자신의 예금계좌에서 돈이 인출되는 카드다. 신용카드와는 달리 은행 계좌에 돈이 없으면 물건을 구매할 수 없으므로 충동구매를 방지하

162

는 데 도움이 된다. 또 전국의 모든 인출기에서 현금을 인출할 수 있어 편리하며, 일정한 소득이 없더라도 은행에 예금계좌를 가지고 있는 사람이면 누구나 발급받을 수 있다. 단, 직불카드를 사용할 수 있는 가맹점의 수가 많지 않아 사용하는 데 불편이 있다.

체크카드check card는 직불카드와 신용카드의 특징을 적절하게 혼합한 카드다. 사용 즉시 계좌에서 돈이 빠져나가므로 능력 이상의 지출을 하지 못한다는 점에서 직불카드와 비슷하다. 신용카드 가맹점이라면 어디에서나 사용할 수 있어 체크카드 사용자가 크게 많아졌다. 은행 계좌에 돈이 없으면 물건을 살 수 없으므로 충동구매나 과소비 우려가 있는 사람은 신용카드 대신에 체크카드를 사용하는 것이 좋다.

선불카드prepaid card는 돈을 미리 지불해 카드에 충전한 후 사용하는 카드다. 버스, 지하철, 택시를 탈 때 사용하는 교통카드, 백화점에서 물건을 구매할 때 쓰는 백화점카드(상품권), 전화카드 등이 선불카드에 해당한다.

아니, 이것도 돈이야?

효율성을 추구하는 사람들은 끊임없이 새로운 결제 수단을 만들어낸다. 많은 지폐를 지갑에 넣고 다니는 불편함을 해소하기 위해 수표를 도입했고, 여기에 만족하지 않고 신용카드를 사용하기 시작했다. 이제는 한 걸음 더 나아가 전자화폐까지 생각하고 있다. 전자화폐를 사용해서 상품을 사면 사용액만큼 자신의 계좌에서 즉시 돈이 빠져나간다. 물론 저장된 금액 범위 안에서만 전자화폐를 사용할 수 있다.

최초의 전자화폐는 1992년 덴마크에서 발행되었다. 전화요금, 주차요금, 기차요금, 가판대 신문 구입 대금 등을 지불할 수 있도록 개발된 이 전자화폐는 이후 유럽 여러 나라로 확대되었다. 영국은 '몬덱스'라는 전자화폐를 개발했는데, 상점에서 사용할 수 있을 뿐 아니라 개인끼리 서로 화폐 가치를 주고받을 수 있도록 한 개방형 전자화폐다.

네트워크형 전자화폐도 일부 등장하고 있다. 신용카드처럼 플라스틱 카드에 칩을 내장해 사용하는 전자화폐에서 한 단계 더 나아가 온라인으로 화폐 가치를 다운받아 저장한 후 지급도 온라인으로 이루어지는 방식이다. 편리함에

164

서는 탁월하지만, 아직은 네트워크의 안전성 문제로 인해서 대중화되지 못하고 있다.

앞으로 해킹 위험이 없고 믿을 만한 전자화폐가 개발되면 현금은 물론이고 신용카드나 체크카드도 점차 모습을 감출 것이다.

신용 관리

금융 생활의 기본,
신용 등급 관리 10계명

신용을 잃으면 모든 것을 잃는 것!

학교 다니면서 싫은 것들 중 하나가 평가받는 것이다. 중간시험, 기말시험을 통해서 평가받을 뿐 아니라, 과제물에 대해서도 수행평가가 이루어진다. 어른도 평가에서 자유롭지 못하다. 회사에서도 평가요, 심지어 아파트 단지 내에서도 몇 호 아빠는 애랑 잘 놀아주고 설거지도 잘 한다며 이웃 사람들로부터 평가가 이루어진다.

이런 것 말고도, 성인이라면 예외 없이 받게 되는 평가가 하나 더 있다. 바로 신용에 대한 평가다.

신용이라는 뜻의 영어 단어 크레디트credit는 라틴어의 크레디툼creditum에서 유래된 것으로, '믿다' 또는 '믿음을 주다'라는 뜻이다. 물건과 물건을 직접 주고받는 물물교환 시대에는 물건을 눈으로 확인하고 교환했으므로 신용이 지금처럼 중요하지 않았다.

돈을 사용해서 거래하는 화폐경제 시대로 들어서면서 신용이 부각되기 시작했다. 또 신용카드 거래 등 일종의 외상 거래와 대출 거래가 급증하면서 오늘날 신용의 중요성이 더 커졌다. "신용을 잃으면 모든 것을 잃는다"와 같은 말이 나온 것도 이와 같은 상황을 반영한 결과다.

신용도가 낮으면 차별 대우를 받는다

금융회사에게는 대출을 제대로 갚을 개인이나 기업을 선정하는 일이 매우 중요하다. 잘못하면 대출해준 돈을 돌려받지 못할 수 있기 때문이다. 금융회사에게 신용이란 한 마디로 빚 갚을 능력이 충분하고 빌린 돈을 성실하게 갚을 수 있는지를 보여주는 척도다.

하지만 고객의 신용을 정확하게 평가하는 일은 만만치가 않다. 그래서 신용을 평가하는 일만 전문적으로 하는 회

등급	구분	의미
1~2등급	최우량 등급	오랜 신용거래 경력이 있으며 다양하고 우량한 신용거래 실적이 있음.
3~4등급	우량 등급	활발한 신용거래 실적은 없으나 꾸준하게 우량한 거래를 지속하면 상위 등급으로 올라갈 가능성이 있음.
5~6등급	일반 등급	주로 대부업체 등 저신용 금융업체와 거래가 있는 고객으로 단기 연체의 경험이 있음.
7~8등급	주의 등급	주로 대부업체 등 저신용 급융업체와 거래가 많은 고객으로 단기 연체의 경험이 비교적 많음.
9~10등급	위험 등급	현재 연체 중이거나 매우 심각한 연체의 경험을 갖고 있음.

[개인 신용 등급의 구분과 의미]

사, 즉 신용평가회사가 등장했다.

신용평가회사는 개인의 각종 금융 거래 기록을 추적해 그 사람의 신용 정도를 평가하고 금융회사에 제공한다. 그 대가로 수수료를 받는다. 신용평가회사는 18세 이상 성인의 신용을 평가해서 1~10등급으로 나눈다. 이 가운데 1등급이 신용이 가장 좋은 집단이다. 이 역시 학교 내신 등급과 매우 유사하다.

신용이 가장 좋은 1등급에 해당하는 우리나라 성인은 1210만 명이다(2018년 말 기준). 전체 성인의 4분의 1이 1

등급이다. 신용이 좋은 사람들이 많다는 것은 좋은 일이다. 우리나라 사람들의 성실함, 남의 돈을 빌렸으면 최선을 다해 갚아야 한다는 철학의 결과다.

신용이 비교적 낮은 6~10등급으로 분류되는 '저신용자'는 무려 910만 명이나 된다. 전체 성인의 20퍼센트에 해당한다. 10등급인 사람의 불량률(90일 이상 연체 경험이 있는 비율)은 1등급인 사람보다 660배나 높다.

금융회사는 신용 정보에 기초해 대출 조건을 결정한다. 신용이 좋은 고객에게는 낮은 금리로 대출해준다. 신용이 일정 수준에 미달하는 고객은 대출 자체가 힘들어진다. 어

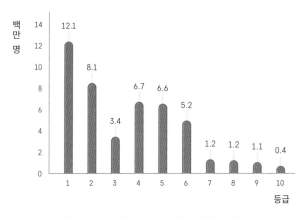

[신용 등급별 인원 분포: 2018년 12월 기준]

느 금융회사가 불량률이 매우 높은 10등급인 사람에게 돈
을 빌려주고 싶겠는가. 설령 빌려준다고 하더라도 요구하
는 금리는 상상을 초월한다.

예를 들어 1억 원을 금융회사에서 빌릴 때 신용이 1등급
인 사람은 4퍼센트의 대출 금리가 적용되어 한 달에 33만
원의 이자를 낸다. 반면에 신용이 8등급인 사람은 금리 24
퍼센트에 대출받아 한 달에 이자만 200만 원을 내야 한다.
두 사람 사이의 이자 차이가 1년에 무려 2000만 원, 소형
자동차 한 대 값이다.

분명히 이는 차별이지만 합법적인 차별이다. 차별받고

싶지 않다면 평소에 자신의 신용을 착실히 쌓아야 한다. 그래서 최선의 재테크는 신용을 잘 관리하는 것이라는 말도 있다.

정부가 신용 평가를 점수제로 바꾼 이유

2019년부터 개인 신용 평가 체계에 커다란 변화가 시작되었다. 지금까지 신용을 1~10등급으로 구분했지만 0~1,000점의 '점수제'로 바꾸기 시작한 것이다. 10등급 체제에 문제가 있다고 판단했기 때문이다. 학교에서의 내신 등급이 지니고 있는 문제점과 같다고 보면 이해하기 쉬울 테다.

내신 성적 1등급 안에는 100점을 받은 학생과 95점을 받은 학생이 함께 포함되어 있다. 이처럼 성적이 다른 학생들이 같은 등급으로 취급받는 게 불합리하다는 지적이 가능하다. 또한 성적이 94점인 학생은 단 1점 차이로 2등급으로 분류된다. 억울하고 아깝다.

신용 등급제도 마찬가지다. 한 등급 안에 있는 수백만 명이 모두 같은 신용 등급으로 취급받는다. 예를 들어 신용 점수가 870~899점이면 2등급이라고 하자. 분명히 점수가 870점인 사람과 899점인 사람 사이에는 신용에 차이가 있음에도 같은 등급으로 분류된다.

이뿐이 아니다. 신용 점수가 869점인 사람은 870점에 단 1점만 모자라는데, 즉 신용에 거의 차이가 없는데도 3등급으로 분류되어 여러 가지 불이익을 받는다.

점수제로 바뀌면 이와 같은 불합리성이 사라지고 개인의 신용도를 더 정확하고 엄밀하게 반영할 수 있다. 이것이 정부가 신용 평가를 점수제로 바꾼 배경이다.

신용이 나빠지면 어떻게 될까?

신용카드 대금을 결제하지 못하거나 대출 이자를 제때 갚지 못하면 연체 이자가 붙어 빚이 눈덩이처럼 불어난다. 휴대전화나 인터넷을 과다하게 사용한 후 대금을 지불하지 못하는 경우도 마찬가지다. 하지만 문제가 여기서 그치는 것이 아니다. 이런 사람들은 신용 불량으로 분류되기 시작한다.

현재 금융회사는 금액에 관계없이 대출금을 3개월 이상 연체하거나, 5만 원 이상의 신용카드 대금을 3개월 이상 연체할 때 금융 채무 불이행자(신용불량자)로 분류하여 금융 거래에 제재를 가하고 있다. 500만 원 이상의 세금을 1년 이상 체납하거나 1년에 3회 이상 체납하는 경우에도 마찬가지다.

신용이 없는 사람은 단지 돈이 없는 사람이나 돈을 제때에 갚지 못한 사람의 차원을 넘어서서 사회에서 '믿을 수 없는 사람'으로 간주되어, 공무원이 되거나 일반 기업에 취업하는 데 제약을 받을 수 있다. 그래서 현대 사회에서 신용 상실은 종종 경제적인 죽음에 비유되곤 한다.

불행 중 다행으로 연체금을 모두 갚는다고 하더라도, 상당 기간 신용 불량의 낙인은 지워지지 않는다. 불이익은 지속된다. 그러므로 이런 일이 발생하지 않도록 하는 게 최선이다. 소득과 상환 능력의 범위 안에서 카드 사용과 대출을 적절하게 조절해야 한다. 당장 대가를 지불하지 않는 것에 혹해서 채무 상환 능력을 넘어서는 과도한 지출을 하지 않도록 평소에 모든 거래를 꼼꼼하게 기록, 정리, 관리해야 한다.

다음 페이지에 우리나라 금융감독원이 권장하고 있는 '신용 등급 관리 10계명'을 표로 정리했다. 꼭 한 번 읽어보고 반드시 기억하고 지키도록 하자.

제 ① 계명 주거래 은행을 만든다.

제 ② 계명 밀린 빚은 금액이 큰 것보다 기간이 오래된 것부터 갚는다.

제 ③ 계명 신용카드는 꼭 필요한 몇 장만 발급받는다.

제 ④ 계명 대부업체와 상담할 때는 '대출 상담'이 아닌 '단순 상담'임을 명확히 밝힌다.

제 ⑤ 계명 보증은 가급적 피한다.

제 ⑥ 계명 카드 대금은 결제일 이전이라도 미리미리 갚는다.

제 ⑦ 계명 금융 거래 시 자동이체를 적극 활용한다.

제 ⑧ 계명 영수증은 신용 거래 피해 시 증빙자료로 쓰이므로 잘 보관해 둔다.

제 ⑨ 계명 주소지·연락처가 바뀌면 금융회사에 변경 사실을 알리고 연체 독촉 전화도 잘 받는다.

제 ⑩ 계명 본인의 신용 정보를 자주 확인하고 꾸준히 관리한다.

★ 자료: 금융감독원

[신용 등급 관리 10계명]

국가에도 신용 등급이 있다!

국가도 신용 평가를 받는다. 외국과 거래하는 대기업도 마찬가지로 신용을 평가받는다. 예를 들면 미국의 신용 등급은 AA+, 일본은 A+ 등이다. A가 많을수록 신용 등급이 우수함을 의미한다. AAA는 채무 불이행 가능성이 거의 없다는 신호를 담고 있는 최상의 등급이다.

나라와 기업에 대한 신용 평가는 국제 신용평가회사들

미니멀 경제학

이 하고 있다. 스탠더드앤드푸어스S&P, Standard & Poor's, 무디스Moody's, 피치 IBCAFitch IBCA라는 세 곳이 세계적으로 유명하다. 신용 등급이 낮은 기업, 금융회사, 국가는 국제 시장에서 자금 조달을 할 때, 위험 프리미엄이 많이 더해지므로 높은 금리를 감수해야 한다.

우리나라가 지난 1997년 경제 위기 때 바로 그러한 뼈아픈 경험을 했다. 경제 위기가 발생하기 전에 스탠더드앤드푸어스는 우리나라의 신용 등급을 AA-로 평가했다. 상당히 양호한 수준이었다. 그러나 경제 위기가 닥치자 우리나라의 신용 등급을 한 달 만에 무려 10단계나 떨어뜨린 B+로 변경했다.

부도의 위험이 있으므로 우리나라에 투자하지 않는 게 좋다는 경고를 세계의 투자자들에게 보낸 것이다. 같은 기간에 무디스도 A1에서 Ba1으로 신용 등급을 6단계나 낮추었다. 우리나라는 졸지에 투자 부적격 국가로 전락했다.

이후 우리나라가 경제 위기를 넘기고 경제 성장을 지속하자 두 회사는 우리나라 신용 등급을 다시 올리기 시작했다. 이들은 우리나라의 신용을 각각 AA와 Aa2로 평가하고 있다(2019년 기준). 경제위기 전보다 높아진, 사상 최고 등급이다.

저승사자보다
무서운 돈!

악덕 사채업자의 횡포

한 사람이 1000만 원을 30퍼센트 이자율에 빌렸다. 약속한 날까지 1300만 원을 마련하지 못해, 어쩔 수 없이 갖고 있던 300만 원만 우선 채권자에게 갚았다. 채권자는 약속을 어겼다며 연체 이자와 함께 각종 수수료를 적용해서 1500만 원을 갚아야 한다고 말했다. 남아 있는 빚이 이자를 제외하고 1000만 원이라고 생각했던 채무자는 하늘이 무너져 내리는 것 같았다.

그러자 채권자는 채무자에게 2000만 원을 대출해주겠

다는 달콤한 제안을 했다. 돈이 급한 채무자는 제안을 받아들였다. 그러나 이는 더 깊은 함정이었다. 채권자는 이자율을 두 배로 올렸고, 여기에 다시 수수료를 부과했다. 게다가 이자를 먼저 떼고 나머지 돈만 내어주었다. 결국 채무자가 손에 쥔 돈은 2000만 원이 아니라, 고작 300만 원 정도에 불과했다. 그러나 이제 갚아야 할 빚의 원금은 1000만 원이 아니라 2000만 원으로 불어났다.

금융 거래는 일반적으로 정부가 인정한 금융회사를 통해서 이루어지며, 관련 법과 제도의 보호를 받는다. 그러나 금융회사를 통하지 않고 개인과 개인 사이에도 금융 거래가 일어나곤 하는데, 이를 사금융이라고 한다. 여기에서 오고가는 돈이 사채이며, 사채를 대출해주고 높은 이자를 받는 일을 전문으로 하는 사람을 사채업자라고 부른다.

예시로 든 이야기는 실제로 있었던 일이다. 이 정도는 아무것도 아니다. 경찰 자료에 의하면 미용실을 운영하는 한 여성에게 2억 3200만 원을 빌려준 사채업자는 이자로만 11억 4000만 원을 받았다고 한다. 연간 이자율로 따지면 무려 2,555퍼센트나 된다. 그래서 사채나 사채업자 앞에는 항상 '악덕'이라는 수식어가 붙는다.

배보다 배꼽이 더 크다

소규모로 사업이나 장사를 하는 사람들 가운데 사채를 이용하는 경우가 의외로 많다. 사업상의 이유가 아니더라도 사람들은 막다른 골목에 몰리면 사채업자를 찾는다. 돈은 필요한데, 금융회사에서는 신용이 모자란다며 대출을 거절하니 항상 웃는 얼굴로 맞이하는 사채업자에게서 급히 돈을 빌리는 것이다. 그래서 사람들은 사채의 함정에 쉽게 빠지고 만다.

정상적인 금융의 손길이 미치지 않는 어려운 사람이나 기업에게까지 자금을 공급해준다는 긍정적 측면이 있기는 하지만, 사채는 부정적인 측면이 훨씬 크다. 우선 사채는 엄청난 고금리로 고객을 괴롭힌다. 금리가 연평균 수백 퍼센트를 넘는 일이 다반사다. 원금보다 이자가 더 많아져, 그야말로 배보다 배꼽이 더 커진다.

우리나라에는 금리를 연간 24퍼센트(2019년 기준) 이상 받지 못하도록 제한하는 이자제한법이 엄연히 존재하지만, 사채는 법의 사각지대에서 이자제한법을 보란 듯이 비웃는다.

이와 같은 고금리를 견딜 수 있는 사람은 없다. 고객이

대출을 상환할 수 없는 처지가 되면 사채업자는 대부분 공
갈, 협박, 폭력이라는 무시무시한 수단을 사용한다. 빚을
갚지 못하면 살점을 도려내겠다는, 《베니스의 상인》에 나
오는 고리대금업자 샤일록 뺨친다.

사채 이용은 절대 금물!

사채의 또 다른 문제는 탈세다. 불법으로 은밀하게 거
래가 이루어지므로 사채업자들은 엄청난 수익을 올리더라
도, 세금을 내지 않는다. 서민들이 예금에서 받는 단 1,000
원의 이자에도 세금이 꼬박꼬박 부과된다는 점을 감안하면
분통이 터질 일이다.

지하 자금, 비자금, 뇌물 등 불건전한 돈도 사채시장을
통해서 은밀하게 거래되고 세탁된다. 오죽 급하면 사채를
쓸까 싶어 이해는 하지만 사채 이용은 절대 금물이다.

불법 사채로 인한 피해가 계속해서 늘어나자 정부가
2002년에 대책으로 내놓은 것이 대부업법이다. 사채시장
의 음지 자금을 양지로 끌어들여 최소한의 정부 규제에 따
라 대출이 이루어지도록 하겠다는 취지였다.

사채업자는 등록만 하면 대부업을 할 수 있다. 2018년

기준 전국에 8,000여 개의 대부업체가 등록해서 영업 중이다. 무등록 대부업체도 상당히 많다. 통계에 의하면 대부업체들이 대출해준 돈은 무려 17조 원에 이른다고 한다.

대부업체는 최고 연 24퍼센트까지의 이자만 받을 수 있지만 교묘한 방법으로 법을 어기면서 이보다 훨씬 높은 금리로 서민을 괴롭히는 대부업체들이 많다. 텔레비전에서 광고를 많이 하고 있어 대부업체에 친숙해진 사람들이 별다른 생각 없이 대부업체의 문을 두드리곤 하는데, 고금리 대출이라는 사실을 절대 잊어서는 안 된다.

대부업자도 대부업체를 이용하지 않는다!

소액이라도 대부업체에서 대출을 한번 받게 되면 신용 등급에 적신호가 켜질 수 있다. 대부업체에 기웃거릴 정도면 이미 제1, 2금융권에서 대출이 불가능한 사람이라고 금융회사들이 간주하기 때문이다.

불량식품 제조업자가 자식에게는 자기 회사 식품을 먹지 못하게 하는 것처럼 "대부업자도 대부업체는 절대 이용하지 않는다"고 한다. 정부에 등록한 후 사무실을 차려 영업을 하며, 텔레비전을 통해 광고를 한다고 해도 대부업체는 어디까지나 사채다.

"수요가 있으면 공급은 생긴다"는 경제 원리가 있다. 따지고 보면 사채에 대한 수요가 있기 때문에 사채업자가 폭리로 영업하는 것이다. 사채가 초래하는 불법 피해를 법으로만 막는 데에는 한계가 있다. 근본 해결책은 사채에 대한 수요를 줄이는 길이다.

이는 금융 시장의 발전을 통해서 가능하다. 사람들마다 제각각인 신용도에 맞춰 다양한 조건으로 대출해주는 금융회사들이 지금보다 더 다양하게 생겨난다면, 사람들이 굳이 사채업자에게 의존할 필요가 없을 것이다. 금융이 발달

한 선진국일수록 사채업의 비중이 작다는 사실이 이를 증
명한다.

4부

금융 IQ를
높여주는
특별한
경제학 수업

예금 상품
똑똑하게 고르기

투자와 투기, 그 미묘한 차이

저축과 투자는 모두 돈을 불리는 전략이지만 커다란 차이점이 있다.

저축은 원금이 보장되면서 확정된 이자를 받는다. 투자는 자산의 가격 상승을 통해서 이득을 얻기 위한 행위다. 투자는 저축보다 많은 수익을 기대할 수 있지만, 원금에 손실이 발생할 수 있다. 공짜는 없는 법이다. 저축이 실내 수영장에 몸을 담그는 행위라면, 투자는 상어가 가득한 바닷물에 뛰어드는 행위에 비유할 수 있다.

저축과 투자의 구분보다 애매하고 불분명한 것이 투자와 투기의 구분이다. 둘 다 가격 상승을 통해 돈을 불리는 목적을 갖고 있지만 투자하는 사람을 투자자로 부르고, 투기하는 사람은 투기꾼이라고 표현하는 데서 짐작할 수 있듯이 투기에 대해서는 부정적인 시각이 지배적이다. 오죽하면 "내가 하면 투자, 남이 하면 투기"라는 말까지 나왔을까.

사전적으로 둘을 구분해 정의할 수는 있다. 투자는 정상적인 방법과 정부가 만든 제도 안에서 금융회사의 상품을 적극 활용해 돈을 불리는 행위인 데 반해, 투기는 단기적으로 발생하는 가격 변동에 중점을 두고 일시에 큰 이익을 얻으려는 행위다. 투기는 자산 보유 기간이 짧고, 무리하게 남의 돈을 많이 끌어오는 경향이 있다.

그러나 보다 높은 수익을 추구하는 것은 경제적 동물로서의 인간의 본성이다. 이를 금지하면 시장 경제의 기본이 흔들릴 수 있다. 정상적인 투자 행위에도 투기적 요소가 어느 정도 스며들어 있다. 투자와 투기를 칼로 무 자르듯 명확하게 구분하기란 현실적으로 어렵다.

편리한 인출을 원한다면

금융회사 가운데 사람들에게 가장 친숙한 곳이 은행이다. 다양한 예금 상품을 취급하고 있으며, 지점 수가 많아 전국 어디서나 편리하게 이용할 수 있다는 점이 은행의 가장 큰 경쟁력이다. 반면에 은행 예금은 다른 금융 상품에 비해 이자율이 현저하게 낮다는 단점이 있다.

은행의 예금 상품에 가입하기 전에 먼저 자신이 돈을 예금하는 목적을 분명히 설정해야 한다. 만약 집에 돈을 보관하고 있는 것이 불안해서, 돈을 안전하게 맡겨 놓고 있다가 필요하면 언제든지 꺼내 쓰는 편리함이 주된 목적이라면, 요구불예금이 적합하다. 우리가 '보통예금'이라고 부르는 것이 요구불예금의 대표적인 상품이다.

통장 표지에 적힌 "입출금이 자유로운 통장"이라는 문구가 알려주듯이 예금자의 인출 요구에 즉시 응할 준비가 되어 있는 것이 요구불예금이다. 은행 창구뿐 아니라 현금인출기나 자동화 창구를 통해서 또는 인터넷, 모바일 뱅킹을 이용해서 언제 어디서나 돈을 인출 및 이체할 수 있다. 그래서 환금성과 편리성이 가장 뛰어나다.

반면에 은행의 입장에서는 고객이 인출할지 모르므로

이 예금으로 장기간 대출해주기 어렵다. 은행으로서는 이 돈으로 수익을 만들어내기 힘들다는 뜻이다. 그래서 요구불예금은 예금 상품 가운데 이자율이 가장 낮다.

이자 수입으로 조금이라도 돈을 불리고 싶다면

이왕이면 이자를 많이 받겠다는 목표를 세울 수도 있다. 조금이라도 돈을 불리고 싶다면, 돈을 수시로 인출하는 권리를 포기하는 대신, 상대적으로 요구불예금보다 많은 이자를 기대할 수 있는 저축성예금을 선택하면 된다.

우선 매달 조금씩 돈을 넣고 만기 때 한꺼번에 목돈을 찾는 방식인 적금이 있다. 적금 기간은 짧아야 6개월이며, 1년부터 3년 사이의 기간이 일반적이다. 적금 기간이 길수록 은행은 돈을 계획적으로 운용하여 더 많은 수익을 올릴 수 있으므로 당연히 예금자에게 높은 이자율을 적용해준다.

목돈을 여유 자금으로 갖고 있다면 정기예금을 고려할 수 있다. 정해진 기간 동안 은행에 예치하는 정기예금의 이자율은 요구불예금보다 훨씬 높다. 예금 기간은 최소 1개월에서 5년 정도까지 만기가 다양하며 만기가 길수록 이자율이 높아진다.

적금이나 정기예금의 경우에는 가입 당시에 약속한 만기를 잘 관리하는 것이 중요하다. 만약 돈이 필요해서 만기가 되기 전에 적금이나 정기예금을 해지하면 처음에 계약했던 이자율 대신에 중도 해지 이자율을 적용받아 가입 당시 기대했던 이자를 받을 수 없게 된다.

만기가 지나고서도 찾지 않은 돈에 대해서는 만기 이후 시점부터 낮은 이자율이 적용된다. 그러므로 만기가 된 이후에 당장 사용할 곳이 없다고 해서 그대로 놔두기보다는 일단 찾아서 새로운 상품에 다시 예금하는 게 바람직하다.

저축은 안전한 노후 대비를 위해

사람들이 왜 저축을 하는지는 오래전부터 많은 학자의 관심사였다. 20세기 전반을 대표하는 영국의 경제학자 존 메이너드 케인스John Maynard Keynes는 사람들이 다음과 같이 다양한 목적을 가지고 저축한다고 정리했다.

예방 조치	예측할 수 없는 뜻밖의 사고에 대비하려고
장래 대비	미래의 소득과 욕구 사이의 불일치를 해소하려고
재산	이자와 저축액이 증가하는 것을 즐기려고
향상	점진적으로 나아지는 생활수준을 기대하며 그에 따라 증가할 지출을 즐기려고
독립	독립심을 향유하거나 어떤 일을 할 수 있다는 능력을 즐기려고
사업	사업을 위한 자본금을 마련하려고
긍지	다른 사람에게 재산을 남겨주려고
탐욕	단순히 욕심을 만족시키려고

미국의 경제심리학자 조지 카토나George Katona는 미국인들이 실제 어떤 동기로 저축하는지를 조사했다. 질병이나 실직과 같은 긴급 사태에 대비하기 위해서 저축한다는 사람들이 가장 많았으며, 그다음으로 은퇴, 자녀 교육, 주택

장만을 중요한 동기로 들었다. 이 외에 다른 목적에서 저축한다고 응답한 사람들은 좀처럼 나타나지 않았다.

우리나라 통계청의 조사 결과도 이와 비슷했다. 우리나라 사람들의 가장 중요한 저축 목적은 노후 대비였다. 사회 보장이 충분하지 못하므로 스스로 자신의 노후를 대비하려는 사람들이 많다는 뜻이다. 노후 대비 다음으로 중요한 목적은 자녀 교육이었으며, 주택 마련, 질병 사고, 결혼 등이 뒤를 이었다.

어론들도 제대로
모르는 증권 이야기

주식과 채권, 기업이 돈이 필요할 때

돈 이야기를 할 때마다 사람들이 빼놓지 않고 언급하는 것이 있다. 주식이다. 누구는 주식으로 떼돈을 벌어 좋겠다느니, 누구는 주식으로 재산을 날렸다느니 하면서 대박 아니면 쪽박 이야기가 주를 이룬다. 국회에서 청문회를 할 때에도 장관 후보자가 수상한 주식을 많이 보유하고 있어 탈이 나기도 하며 뉴스 말미에도 주식시장 소식이 빠지지 않는다.

자본주의 세계에서 주식은 매우 중요하다. 자본주의 경

제를 지탱하고 발전시키고 있는 도구이기도 하다. 비록 전문적인 주식 투자자가 아니더라도 주식이 무엇인지를 모르면 세상 살아가기 불편해지고 있다는 뜻이리라.

주식만큼은 아니지만 채권도 뉴스에 종종 오르내린다. 도대체 주식이란 무엇일까? 채권은 또 무엇인가?

자신의 돈으로만 사업을 할 수 있다면 그보다 좋을 순 없다. 남에게 이자를 주지 않아도 되고, 갚아야 할 빚도 없다. 사업을 안정적으로 운영할 수 있다. 이익이 발생할 경우 다른 사람과 나눌 필요가 없으며, 다른 사람의 간섭을 받지 않고 경영할 수 있다.

현실에 이러한 회사는 거의 없다. 개인이 갖고 있는 돈에도 한계가 있다. 회사의 규모를 확대하고 신규 투자를 하려면 여기저기서 돈을 끌어 쓸 수밖에 없다.

회사가 경영에 필요한 자금을 조달하는 방법으로 크게 세 가지를 생각해볼 수 있다.

첫째는 금융회사에서 대출을 받는 것이다. 회사의 신용을 바탕으로 대출을 받기도 하지만, 대개는 담보가 필요하다. 담보로 맡길 재산이 없는 회사에게 대출은 그림의 떡에 불과하다. 또한 사업이 기대만큼 잘 되지 않아서 정해진 기간 내에 대출을 상환하지 못하면 담보를 처분해야 하므로 회사의 존폐를 걱정해야 한다.

두 번째 방법은 여윳돈이 있는 사람들로부터 직접 돈을 빌리는 것이다. 개인끼리 돈을 빌리면서 차용증을 작성하는 것처럼, 회사가 일반인을 대상으로 돈을 빌리면서 차용증을 발급한다. 이것이 채권이다. 채권에는 돈을 빌리는 조건과 상환 날짜 등이 인쇄되어 있다.

마지막으로 동업자를 구하는 방법이 있다. 그리고 자금을 제공받았다는 증거로 주식이라는 증서를 준다. 주식을 보유하는 사람은 그 회사의 주주가 된다. 즉, 어느 회사의 주식을 산 사람은 회사에 돈을 빌려주는 것이 아니라, 회사의 일원으로서 사업 자금을 투자한 것이다.

따라서 주식은 차용증인 채권과 다르다. 주식은 회사의 소유권을 표시하는 증서다. 그래서 주식을 '주권'이라고도 부른다.

주식과 채권은 어떻게 다를까?

주식과 채권을 묶어서 유가증권 또는 줄여서 증권이라고 부른다. 재산 가치를 갖고 있는 증서라는 뜻이다. 주변에서 쉽게 볼 수 있는 증권회사는 증권의 거래를 도와주는 금융회사다. 주식을 거래할 때뿐 아니라 채권을 거래할 때에도 증권회사를 이용하면 된다.

하지만 주식과 채권에는 커다란 차이점이 있다. 채권은 돈을 빌렸다는 증서이며, 채권을 보유한 사람은 채권자, 채권을 발행한 기업은 채무자가 된다. 채권을 발행해서 조달한 돈은 회사의 부채가 되므로 약속한 날에 원금과 이자를 갚아야 한다.

채권은 예금보다 금리가 높다. 사람들이 안전한 정기예금을 선택하는 대신에 부도가 날 위험이 있는 채권을 사도록 유도하기 위해서는, 은행의 예금 금리보다 채권 금리가 높아야 하는 것은 당연한 일이다. 회사마다 신용도가 다르므로, 채권 금리도 어느 회사가 발생했는지에 따라 달라진

구분	주식	채권
성격	기업 소유 지분을 표시하는 증서	돈을 빌렸다는 증서
투자자 지위	주주	채권자
기업의 입장	자본금 증가	부채 증가
주주총회 의결권	있음	없음
투자자 수익	자본 이득, 배당	이자
원금	비보장	비교적 안전

[주식과 채권의 비교]

다. 신용도가 낮은 회사가 발행한 채권일수록 위험 프리미엄이 많이 붙어 높은 금리에 팔린다.

주식은 해당 회사에게 사업 밑천을 제공하는 것으로서 주식을 사면 회사 경영에 참여할 수 있다. 주식회사의 사업 밑천을 자본금이라고 하는데, 주식을 보유하고 있는 주주는 자신이 제공한 자본금만큼의 회사 지분을 확보한다. 주식을 통해서 조달한 자금은 회사의 자본금이므로 회사가 존속하는 한 갚지 않아도 되며 이자 같은 것도 지불하지 않는다.

주식회사와 유한책임

모든 회사가 주식을 발행할 수 있는 것은 아니다. 주식회사로 분류되는 회사만 주식을 발행할 수 있다. 주식회사란 사업 자금을 대는 여러 명의 주주들이 모여서 구성한 회사라는 뜻이다. 우리가 알고 있는 대기업들은 모두 주식회사다. 개인적으로 운영하는 개인회사는 주식을 발행할 자격이 없다.

만약 주식 한 장에 5,000원이라고 하면, 자본금 규모가 100억 원인 주식회사를 설립하기 위해서는 총 200만 장의

196

주식을 발행해야 한다. 이 가운데 절반을 창업자가 부담한 다면, 그는 발행 주식의 50퍼센트에 해당하는 100만 장의 주식을 보유한다. 그리고 1억 원을 투자한 사람은 1퍼센트에 해당하는 2만 장의 주식을, 1000만 원을 투자한 사람은 0.1퍼센트에 해당하는 2,000장의 주식을 보유한다. 이들은 모두 주주가 된다. 주주는 각자 자신이 투자한 금액에 해당하는 만큼의 주식을 받고, 해당하는 몫만큼 회사를 소유하는 셈이다.

주식회사가 성행하고 사람들이 두려움 없이 주식을 사서 주주가 되려는 데에는 '유한 책임'이라는 제도가 큰 역할을 하고 있다. 책임이 제한적이라는 뜻이다. 유한 책임을 이해하기 전에 먼저 개인회사를 생각해보자.

개인회사를 경영하다 커다란 빚을 지게 되면 자신의 집이나 재산을 팔아서라도 빚을 갚아야 한다. 이게 '무한 책임'이다. 사업하는 사람이 가장 두려워하는 경우다.

주식회사는 이와 다르다. 회사가 잘못되어 빚을 진 채 문을 닫더라도 주주는 자신이 투자한 자본금, 즉 주식만 포기하면 된다. 더 이상 갚을 책임이 없다. 개인 재산은 안전하게 보전할 수 있다. 이게 유한 책임이다. 그래서 투자자는 개인회사보다 주식회사에 투자하는 경우 위험 부담이 적다.

　주식회사는 신규 투자나 사업 확장을 위해서 자본금이
더 필요해지면 주식을 새로 발행할 수 있다. 이때 주식시장
을 통해서 일반인들에게 공개적으로 주식을 판다.

　주식회사가 돈이 필요할 때마다 무작정 주식을 새로 발
행하지는 않는다. 주주가 늘어나면 회사의 이해관계자가 많
아지고, 상대적으로 기존 주주나 대주주의 지분은 그만큼
감소하기 때문이다. 심하면 경영권이 위협받을 수도 있다.
어떤 목적이든 새로운 주식 발행에는 신중을 기해야 한다.

직접 금융과 간접 금융

회사가 채권이나 주식을 통해서 자금을 조달하는 것을 직접 금융이라고 한다. 여유 자금을 갖고 있는 사람들이 돈을 투자할 회사를 직접 선택해서 자금을 공급하고 있다는 뜻에서 붙여진 이름이다. 즉, 자신이 어느 회사의 주식이나 채권을 살 것인지 직접 결정한다.

이와 달리 대출은 간접 금융이다. 여유 자금이 있는 사람이 금융회사에 돈을 예금하면 금융회사가 돈을 모아서 기업에 대출해주는 두 단계를 거친다. 자금의 원래 주인은 자신의 돈이 지금 어느 기업으로 흘러가 있는지 알지 못한다.

우리나라의 경우 금융회사 대출을 중심으로 하는 간접 금융이 차지하는 비중이 높다. 미국이나 영국 등 선진국에 비해서 직접 금융에 대한 의존도가 상대적으로 낮은 편이다. 주식이나 채권 등 직접 금융이 발달되고 안정되어 있으면 기업들이 자금을 안정적으로 장기간 빌릴 수 있어 장기 투자나 사업을 벌이는 데 유리하다. 이런 측면에서 본다면 직접 금융이 지금보다 활발해질 필요가 있다.

주식시장에도
메이저리그와 마이너리그가 있다?

주식시장의 역할

만약 주주가 돈이 필요해서 주식을 팔고 싶을 때 어디로 가야 할까? 해당 주식회사에 가서 주식을 줄 테니 자신이 출자한 자본금을 돌려달라고 해야 할까? 자본금은 회사가 존재하는 한 회사와 함께 머무는 돈이므로 이와 같은 주주의 요구는 받아들여지지 않는다. 만약 주주의 이러한 요구를 다 들어주다가는 자본금을 안정적으로 확보할 수 없으며 주식회사의 취지에도 어긋난다.

이런 주주들을 위해서 주식시장이 있다. 주식시장은 회

사를 설립할 때에는 미처 자본금을 출자하지 못했지만, 나중에라도 주식을 사서 주주가 되려는 사람들이 주식을 사고파는 곳이다.

우리나라에는 자본금이 몇천억 원이나 되는 세계적인 규모의 회사에서 몇천만 원에 불과한 작은 회사에 이르기까지 다양한 주식회사가 있다. 이 주식회사들은 주식의 가격, 회사의 가치, 수익성, 성장성 등의 조건이 천차만별이다. 만약 이 모든 주식을 한 곳에서 거래한다면 종목 수도 많거니와 우량 기업과 불량 기업이 섞여 있어 주식을 사자마자 기업이 망하는 등 피해가 속출하고 혼란이 일어날 게 불을 보듯 뻔하다.

그래서 정부는 까다로운 자격 요건을 충족시키는 '비교적 우량한' 기업의 주식만을 거래할 수 있는 주식시장을 만들었다. 그 이름은 유가증권 시장, 영어로 코스피KOSPI 시장이다. 우리나라를 대표하는 주식시장이다.

정부가 세운 기준을 충족시켜 유가증권 시장에서 주식을 거래할 수 있는 주식회사를 '상장 기업'이라고 부른다. 상장 기업이 되면 기업의 인지도가 높아지며 주식시장에서 주식을 발행해 자본금을 늘리기 쉽다는 이점이 있다. 그 대신 기업의 실적을 주기적으로 공개하고 새로운 소식을 정

확하게 알려야 하는 등 정부가 요구하는 몇 가지 의무 사항
을 준수해야 한다.

코스닥 시장의 탄생

유가증권 시장에 들어가기 위한 상장 조건을 충족시키
지는 못하지만, 상당한 기술력과 잠재력을 갖고 있는 유망
기업들이 분명히 존재한다. 이런 기업들은 의욕적으로 사
업을 펼치려 해도 단지 상장 기업이 아니라는 이유로 주식
발행을 통해서 자본금을 확충하기 어려웠다.

아까운 기술력과 잠재력이 사장되는 경우가 많아지면서
대책이 필요하다는 목소리가 높아졌다. 그렇다고 정부가
조건을 완화해서 이들을 유가증권 시장에 무작정 상장시킬
수도 없는 노릇이었다.

그래서 정부는 새로운 시장을 하나 더 만들었다. 조건을
조금 완화하는 대신 유가증권 시장과 차별화된 시장을 만
들어 기업들이 자금을 조달할 수 있도록 길을 터준 것이다.

이렇게 해서 1996년 7월 1일에 문을 연 코스닥KOSDAQ
시장에는 유가증권 시장에 상장하기에는 규모가 작은 기
업, 벤처기업, IT 관련 기업이 주로 포함되어 있다. 예를 들

면 SM엔터테인먼트, JYP엔터테인먼트, YG엔터테인먼트 등이 코스닥 시장에 속해 있다.

코스닥이라는 이름은 미국이 1971년에 같은 성격의 시장을 먼저 개설하면서 나스닥NASDAQ이라고 이름 붙인 데서 따온 것이다. 일본도 미국에 이어 1976년에 자스닥JASDAQ 시장을 개장했다.

메이저리그와 마이너리그

주식시장을 미국 프로야구에 비유하자면, 유가증권 시장이 메이저리그, 코스닥 시장이 마이너리그에 해당한다. 또는 프로축구의 1부 리그와 2부 리그에 빗대어 표현하기도 한다. 회사의 규모나 실적 면에서 차이가 나기 때문이다.

그렇지만 마이너리그에도 숨은 보석이 있어 메이저리그로 옮기기도 하고, 반대로 메이저리그 선수가 마이너리그로 이동하는 것처럼, 주식시장에서도 기업들은 성장과 쇠퇴에 따라 두 시장을 오갈 수 있다. 실제로 유가증권 시장에 들어갈 자격이 충분한데도 코스닥 시장을 선택해서 남아 있는 회사도 있다. 중요한 것은 어느 시장에 소속되

어 있느냐가 아니라 해당 회사의 재무 상태와 성장 잠재력이다.

일반적으로 코스닥 시장에 있는 기업들은 비록 규모는 작지만 앞으로의 성장 잠재력이 높다. 종목만 잘 고르면 매우 높은 수익률을 얻을 수 있다는 뜻이다. 물론 이와 반대로 기업이 실패할 위험도 높다. 그래서 코스닥 시장의 주식들은 일반적으로 수익성과 위험성이 모두 높은 특징을 보인다. 코스닥 시장에 비하면 유가증권 시장의 주식들은 상대적으로 위험이 적은 대신에 수익성도 낮다.

주식을 사려는 사람은 자신의 투자 성향에 따라 어느 시장에 있는 종목을 구입할 것인지를 고민해야 한다. 위험이 좀 있지만 큰돈을 벌고 싶은 사람은 코스닥 시장의 종목을, 큰돈보다는 안전한 투자를 선호하는 사람은 유가증권 시장의 종목을 고르는 게 좋다.

주가지수야, 고마워!

정부는 일반 상품들의 가격을 조사해 소비자물가지수를 작성한다. 사람들은 소비자물가지수를 보고 우리나라의 상품 값이 전반적으로 올랐는지 아니면 내렸는지, 또 얼마나 오르고 내렸는지를 판단한다.

우리나라 주식시장에는 약 2,000개 회사의 주식이 거래되고 있다. 어느 회사의 주식은 오르고 어느 회사의 주식은 떨어지기 마련이다. 그래서 주식시장의 전체 상황을 한눈에 파악하고 분석할 수 있도록 주가지수를 작성하고 있다. 주가지수가 전날에 비해서 오르면 주식시장이 강세, 내리면 약세, 별 차이가 없다면 보합세라고 한다.

코스피 지수를 처음 작성하기 시작한 1980년 1월 4일이 기준일이다. 이날의 코스피 지수는 100이었다. 만약 오늘의 코스피 지수가 2,000이면 1980년 1월 4일부터 오늘까지 유가증권 시장이 평균 20배 성장했음을 의미한다.

각국은 저마다의 방식으로 주가지수를 구하고 이름을 붙인다. 미국을 대표하는 지수의 이름은 다우존스Dow Jones 지수이며, 일본에는 닛케이Nikkei 지수, 홍콩에는 항셍Hang Seng 지수, 중국에는 상하이 종합지수가 있다.

안전성, 수익성, 유동성

꿩도 먹고 알도 먹을 순 없을까?

어느 샐러리맨의 고민

머리가 좋고 공부를 잘해서 주변 사람들로부터 칭찬을 듣던 홍길동은 학교를 졸업하고서 회사에 취직했다. 그는 비록 부자라는 소리를 들을 수 없었지만, 모범 사원으로서 매월 안정적인 수입이 있는 현재의 직업에 만족하고 있었다.

주변 사람들은 머리가 좋으니 사업을 한번 해보라고 홍길동에게 권했다. 홍길동은 사업이 잘되면 지금보다 돈도 훨씬 많이 벌어 좋은 집과 좋은 차도 살 수 있겠지만, 사업이 잘못되기라도 하면 순식간에 재산을 날릴 수도 있다는 것을 잘 알고 있다.

홍길동은 안정적이지만 수입이 적은 회사원과 위험하지만 큰 수입을 기대할 수 있는 사업가 사이에서 갈등하다가 그냥 회사원으로 남기로 했다. 위험하지 않으면서 돈도 많이 벌 수 있는 직업이 있다면 서슴없이 그 일을 택하겠지만, 이 세상에 그런 일은 없어 보였다. 사업가가 큰돈을 벌 수 있는 것도 위험을 감수했기에 가능한 일이다.

하이 리스크 하이 리턴

모든 것을 한꺼번에 다 가질 수 없다는 인생의 이치는 투자의 세계에서도 그대로 적용된다.

사람들은 원금이 확실하게 보장되면서 평범한 이자보다 더 많은 수익을 주는 상품을 원한다. 그야말로 꿩 먹고 알 먹자는 심리다. 만약에 위험하지 않으면서도 높은 수익을 기대할 수 있는 금융 상품이 있다면, 이 세상의 모든 돈은 그쪽으로 몰릴 것이다. 어떻게 투자해야 할지를 고민할 필요가 없다. 투자에서 실패하는 사람도 없다.

그러나 이 세상에 그처럼 '이상적인' 투자 상품은 없다.

현실은 이렇다. 높은 투자 수익률을 기대하려면 원금에 손실이 발생할 위험을 감수해야 한다. 투자가 성공하면 많은 수익을 얻지만, 실패하면 원금 손실까지 받아들여야 한다. 원금 손실을 원하지 않는다면 안전한 상품에 투자해야 한다. 대신 수익률이 높지 않다.

이처럼 수익성과 안전성은 상충관계trade-off에 있다. 고위험은 고수익high risk, high return과 짝을 이룬다. 저위험은 저수익low risk, low return과 짝이다.

상호저축은행과 일반은행 사이에서도 위험과 수익의 상충관계를 찾아볼 수 있다. 상호저축은행은 일반은행보다 예금 금리가 높다. 상호저축은행의 안전성은 일반은행에 비해 떨어진다. 예금주는 금리가 낮지만 더 안전한 일반은행에 예금할지, 아니면 상대적으로 위험하지만 금리가 높은 상호저축은행에 예금할지를 고민해야 한다.

하루아침에 부자가 되는 비법

낮은 이자율에 만족하지 못하는 사람은 저축보다 위험이 따르더라도 기꺼이 투자의 길을 선택한다. "호랑이를 잡으려면 호랑이 굴에 들어가야 한다"는 말처럼 보다 높은 수

익률을 올리기 위해서 위험을 택하는 것이다.

투자자들이 부러워하는, 유럽의 전설적인 투자자 앙드레 코스톨라니Andre Kostolany는 위 그림처럼 단숨에 부자가 되는 비법 세 가지를 제시했다.

그의 말을 좀 더 풀어서 설명하면 아래와 같다.

- 빼어난 능력이 있으면

부유한 배우자를 만나기가 좋은 법이다.

- 탁월한 소질이 있으면 사업을 해서 부자가 될 수 있다.
- 미래를 예측하는 눈이 투자 전략이다.

부유한 배우자를 만나기 쉽지 않은 것처럼, 유능한 기업가가 드문 것처럼, 투자로 돈 벌기도 결코 쉽지 않다. 세계적인 투자자 워런 버핏Warren Buffett은 돈을 벌려면 다음 규칙을 따르라고 했다.

첫째, 돈을 잃지 마라.
둘째, 첫째를 절대 잊지 마라.

투자에 왕도는 없다는 뜻이다. 그렇지만 투자에 대한 기본 지식을 가지고 투자 계획을 구체적으로 잘 세운다면 그렇지 않은 경우에 비해서 분명히 성공할 가능성이 높아진다. 아니, 적어도 실패할 가능성을 낮출 수 있다.

투자의 기본 원리

먼저 투자와 관련된 결정을 할 때에는 세 가지 요소를 반드시 고려해야 한다. 안전성, 수익성, 유동성이다. 유동성은 다른 말로 환금성이라 한다.

수익률이 높다는 기대감만으로 가지고 있는 모든 재산을 유동성이 떨어지는 부동산 같은 곳에 투자한다면 필요할 때 현금을 확보하지 못해 곤경에 처할 수도 있다. 안전성만 따져서 모든 돈을 예금에 묻어둔다면 수익성이 떨어져 돈을 불리는 데 한계가 있다.

이 세상에 안전성, 수익성, 유동성을 동시에 만족시킬 수 있는 확실한 금융 상품은 없다. 자신이 가지고 있는 돈의 규모와 성격, 투자의 목적 등에 따라서 세 요소를 적당히 충족시켜주는 상품을 골라야 한다. 일반적으로 우리가 돈을 굴릴 수 있는 대상으로는 예금, 부동산, 주식, 채권을 생각할 수 있다.

부동산에 투자할까, 채권에 투자할까?

부동산은 우리나라에서 전통적으로 가장 인기 있는 투자 대상이었다. 땅이 좁고 인구가 많아 늘 땅과 주택에 대한 초과 수요가 존재해온 탓이다. 실제로 사람들의 기대에 부응했고, 부동산은 투자하면 실패하는 일이 별로 없었다. 또 가격이 내리기보다 오르는 추세가 일반적이어서 안전성

구분	부동산	주식	채권	은행예금
안전성	좋음	나쁨	좋음	좋음
수익성	보통	좋음	보통	나쁨
유동성	나쁨	보통	보통	좋음

가장 좋음　　　　가장 나쁨

[투자 대상별 안전성, 수익성, 유동성 비교]

이 높고 수익성도 비교적 좋은 편이었다.

　다만 부동산은 기본 거래 단위가 적게는 수억 원에서 많게는 수십억 원에 이르므로 거래가 쉽게 이루어지지 않는다는 점에서 유동성이 떨어진다. 그리고 앞으로도 부동산 시장이 효자 노릇을 할 것이란 보장이 없다. 주택 보급률이 100퍼센트를 넘고 인구 감소까지 우려되고 있는 상황에서 무작정 과거의 경험대로 부동산 투자가 유망할 것이라는 기대는 금물이다.

　주식시장은 우리나라 경제만큼이나 변동이 심했다. 롤러코스터 장세라는 말이 나올 정도로 주가는 급등과 급락을 반복했다. 기회를 잘 잡은 투자자에게는 황금알을 낳는 거위 역할을 톡톡히 했지만 주식의 안전성은 매우 낮은 편이다. 반면에 수익성은 좋다고 할 수 있겠다.

주식에 비해서 채권은 안정적이다. 그 이야기는 대박을 기대하기 힘들다는 뜻이다. 채권은 주식이나 부동산에 비해서 수익성이 떨어진다. 유동성은 중간 정도다.

은행 예금은 가장 안정적이며 언제든지 인출이나 해약이 가능하다. 그래서 유동성 역시 최고다. 대신 수익성이 가장 떨어진다.

5부

투자를
시작하기 전에
꼭
알아야 할 것들

계좌 개설에서 종목 선택,
사고팔기까지

주식회사는 자본주의의 꽃

　로마 시대에도 주식이 발행되었다는 기록이 있지만 확실하지는 않다. 여러 사람으로부터 자본을 모으고 각자 출자한 자본만큼 위험을 부담하는 주식의 기본 원리가 본격적으로 퍼지기 시작한 때는 르네상스 시대로 알려져 있다.

　당시 유럽은 아시아나 아프리카와 무역을 활발히 했는데, 튼튼한 무역선을 건조하려면 막대한 자금이 필요했다. 이런 자금을 제공할 수 있는 것은 정부나 일부 부유한 혈족뿐이어서 무역을 통해 돈을 버는 데 한계가 있었다.

1606년 네덜란드의 동인도회사는 주식을 발행해 많은 사람들에게서 조금씩 자금을 모았다. 이러한 방법으로 무역에 필요한 막대한 자금을 조달하는 데 성공한 네덜란드는 이후 해상 지배권을 장악하고 유럽 최고의 선진국이 되었다.

주식의 긍정적인 측면과 위력을 보여주는 역사적 사례는 이게 전부가 아니다. 새로운 발명과 기술은 커다란 위험 부담을 감내한 대가로 성취되었는데, 산업혁명을 비롯한 역사적 성취에도 많은 사람들의 소액 투자가 밑바탕이 되었다. 주식 투자자들이 이득을 기대하며 돈을 투자하지 않았더라면 우리는 지금과 같은 발명품과 신기술을 누리지 못하고 있을 것이다. 그래서 주식 투자 덕분에 산업사회가 본격적으로 발달할 수 있었다는 주장이 설득력을 얻는다.

오늘날 주식회사는 가장 보편적인 기업 형태다. 주식회사는 자본주의 경제의 중추이자 원동력으로서, 국가 경제 활동의 핵심 역할을 하고 있다. 주식회사를 '자본주의의 꽃'이라고 하는 것도 이런 이유 때문이다.

시세 차익과 배당금

많은 사람은 이와 같은 주식의 의미보다는 돈을 벌기 위한 수단으로서의 주식에 더 큰 관심이 있다. 사람들은 어떻게 주식으로 돈을 버는 것일까?

주식을 구입하는 사람은 두 가지 목적을 갖고 있다. 첫째는 회사의 일부를 소유함으로써 회사 경영에 참여하고 회사 성장에 기여하려는 동기다. 물론 모든 주주가 회사 경영에 직접 참여하는 것은 아니다. 대규모 주식회사의 경우 주주의 수가 10만 명을 넘는데, 이들이 모두 경영에 직접 참여할 수는 없다.

대신 주식회사는 이사들을 선임하고 이사회를 중심으로 회사를 경영한다. 주주는 선임된 이사들이 회사를 제대로 경영하는지를 감시한다. 주주는 주주총회에 참석해서 의결권을 행사함으로써 간접적으로 회사 경영에 참여한다.

주식을 구입하는 두 번째 목적은 비싸게 팔아서 시세 차익을 얻으려는 데 있다. 예를 들어 1만 원에 산 주식을 1만 2,000원에 팔면 2,000원의 이득을 얻는다. 주식에서 기대할 수 있는 이득에는 시세 차익 말고도 배당금이라는 것도 있다.

배당금은 회사가 벌어들인 이윤 가운데 일부를 주주들에게 나누어주는 돈을 말한다. 자본금을 출자한 데 대한 보상인 셈이다. 주식 보유분이 많을수록 배당금도 많이 받는다.

반면에 주식은 구입할 때의 원금이 보장되지 않는다. 주가가 급락할 수도 있다. 심할 경우 회사가 파산해 한 푼도 건지지 못할 수도 있다. 그래서 주식은 투자하기에 매우 위험한 수단이다. 남들이 주식으로 돈을 벌었다고 해서 섣불리 달려들다가는 큰코다치기 십상이다.

침팬지와 사람의 주식 투자 대결

주식 투자에서 침팬지와 사람이 대결하면 누가 이길까? 도대체 무슨 소리냐고 의아해할 것이다.

침팬지에게 기업들의 이름이 적힌 공들을 보여주고 그 가운데 몇 개를 고르게 하거나 다트를 던지게 한다. 말 그대로 아무 회사나 무작위로 고르는 것이다. 반면에 사람은 자신이 판단해 투자할 회사를 고른다. 그런 다음 6개월이나 1년이 지난 후에 누구의 수익률이 더 높은지를 비교하는 대결이다.

　결과는? 당연히 진화론적으로 더 발달했고 과학적이며
체계적인 투자 기법을 배운 사람의 투자 수익률이 침팬지
보다 훨씬 높을 것이라고 믿고 싶겠지만, 어디까지나 사람
들의 소망에 불과했다. 유감스럽게도 둘 사이에 별다른 차
이가 없었다. 주식 투자에서 좋은 종목을 골라 높은 수익을
올리는 것이 얼마나 힘든 일인지 보여주는 흥미로운 실험
이다.

　주식 투자에서는 소위 대박과 같은 허황된 기대를 하지
말아야 한다. 가끔 언론에서 대박을 터뜨린 사람 이야기가

나온다고 모두 그럴 수 있으리라는 착각에 빠져선 곤란하다. 라스베이거스 카지노에서 대박을 터뜨린 한 사람이 나오기까지 얼마나 많은 사람이 돈을 잃었을지 생각해봐야 한다. 한 번 대박을 터뜨린 사람이 계속 대박을 터뜨린다는 보장도 없다. 심지어 주식으로 상당한 돈을 벌었던 전문가가 빈집털이범으로 잡혔다는 뉴스도 있었다.

비단 주식 투자뿐만 아니라 일반적인 금융 생활에서도 대박을 목적으로 해서는 절대 안 된다. 재테크는 주어진 소득을 효과적으로 관리하고, 은행의 일반 예금보다 조금 더 많은 수익을 올릴 수 있는 방법에 대한 것이지, 대박을 터뜨리는 방법이 아니란 사실을 명심하자. 이는 아무리 강조해도 지나치지 않는다.

얼짱을 골라라! 미인주를 찾아라!

주식 투자 성공의 열쇠는 영업 실적이 뛰어나고, 재무구조가 튼튼하며, 사업 전망이 밝고 성장세가 뚜렷한 회사를 고르는 데 있다. 회사를 잘 고르면, 단 하루 만에도 수십 퍼센트 넘게 주가가 폭등해 1년 동안 은행에 예금하는 것보다 더 많은 돈을 벌 수 있다.

문제는 영업 실적이 좋을 것으로 예상되는 기업을 고르는 일인데, 이게 말처럼 쉽지 않다. 상당한 지식과 경험을 가진 사람조차도 주식 투자에서 돈을 벌지 못하는 경우가 허다하다.

세계 대공황에 대한 해법을 제시하고 거시경제학을 개척한 케인스는 경제학 이론뿐 아니라 주식 투자에서도 성공한 것으로 유명하다. 그는 주식 투자자를 위해 다음과 같이 조언했다.

주식시장은 미인대회와 같다.
자신이 미인이라고 생각하는 여자가 아니라,
사람들 대다수가 미인이라고 생각하는
사람을 골라야 한다.

자신이 좋아하는 얼짱이 미인대회에서 1등을 한다는 보장이 없다. 다른 사람들이 대부분 얼짱이라고 여기는 사람이 1등을 차지한다. 주식 투자도 마찬가지다. 자신이 조사한 정보에 기초해 미래가 밝다고 판단한 회사의 주식만을 산다고 해서 주가가 오른다는 보장이 없다. 시장에서 대다수의 투자자들이 좋다고 생각하는 회사의 주가가 오른다.

케인스의 조언에 따라, 대부분의 투자자들이 좋다고 생각하는 주식에는 미인주라는 별명이 붙게 되었다.

계좌 개설에서 사고팔기까지

주식 투자를 하려면 가장 먼저 증권회사에서 계좌를 열어야 한다. 그 방법은 은행에서 예금계좌를 개설하는 것과 같다. 꼭 유명한 증권회사나 대형 증권회사를 찾을 필요는 없다. 우리가 집을 사려고 할 때 부동산 중개업소의 규모가 그리 중요하지 않은 것과 마찬가지다.

주식 투자자의 입장에서 증권회사를 선택할 때 가장 중요한 요소는 주식을 거래할 때마다 내야 하는 거래 수수료다. 증권회사는 고객의 주식 거래를 중개해주고, 거래가 이루어질 때마다 수수료를 부과한다. 증권회사 간 수수료 경쟁으로 회사마다 수수료가 다르다. 그러므로 수수료가 싼 증권회사를 선택하는 편이 유리하다.

지금은 아무리 작은 증권회사라도 모두 인터넷이나 모바일 거래가 가능하다. 그 덕분에 일단 증권회사를 선택하면 회사 규모는 주식 거래에 영향을 미치지 않는다. 본사 건물 없이 인터넷으로만 영업하는 온라인 증권회사도 있다. 건물 유지비와 인건비를 절약하는 대신에 수수료를 적게 부과하거나 아예 면제해주는 증권회사들이 투자자들에게 인기다.

주식을 사면 해당 회사의 실물 주식을 보유할 권리가 생기지만, 증권회사를 통해 주식 거래를 할 때 주식을 받아 집에 보관하는 투자자는 없다. 분실의 우려가 있을 뿐 아니라 나중에 팔 때 다시 다른 사람에게 건네주어야 하는 번거로움 때문이다.

실제 주식 거래는 돈만 주고받을 뿐, 종이에 인쇄된 실물 주식은 직접 거래되지 않는다. 누가 어느 회사 주식 몇 주를 얼마에 사고팔았다는 기록만 전산망에 기록된다. 대신 실물 주식은 모두 한국예탁결제원이란 기관의 금고에 안전하게 보관된다.

하이 리스크, 하이 리턴이
불안하다면

다양한 채권의 종류

채권을 발행하는 쪽, 즉 돈을 빌리는 주체가 누구냐에 따라서 채권은 크게 국공채, 금융채, 회사채로 구분된다. 국공채는 중앙정부, 지방정부, 공공기관 등 정부기관이 발행하는 채권, 금융채는 금융기관이 발행하는 채권이다. 회사채는 기업이 돈을 빌리면서 발행하는 채권이다.

국공채는 발행 기관과 용도에 따라서 다시 여러 가지 종류로 구분되는데, 전문가가 아닌 이상 모든 국공채의 이름을 다 기억하고 있을 필요는 없다. 뉴스에 자주 나오는 중요한 채권 몇 가지의 이름 정도만 알아두자.

중앙정부가 돈이 필요해서 발행하는 채권이 국채다. 중앙정부가 발행하므로 정부가 파산하지 않는 한 원리금을 돌려받을 수 있어 채권 가운데 가장 안전하다. 대신 금리가 가장 낮다.

한국은행은 시중 통화량을 조절하기 위해 통화안정증권을 발행한다. 시중에 통화량이 너무 많다고 판단되면 사람들에게 통화안정증권을 판다. 한국은행이 판매 대금을 금고에 보관하면 시중에 유통되는 통화량이 그만큼 감소하게 된다. 반대로 통화량을 늘릴 필요가 있으면 과거에 팔았던 통화안정증권을 다시 사들인다.

회사가 발행하는 채권을 회사채라고 한다. 주식회사만 회사채를 발행할 수 있다.

만기가 1년인 채권도 있지만 보통 채권의 만기는 이보다 길어 2년, 3년, 5년, 7년 등이며 10년 이상인 것도 있다. 만기가 1년 이하인 채권을 단기채, 그보다 긴 채권을 장기채라 한다. 이처럼 채권은 만기가 길기 때문에 채권을 구입하려는 사람은 그 회사가 이자와 원금을 갚을 수 있을지의 능력을 따져야 한다.

한편 채권을 구입한 이후에 예상하지 못한 일이 생겨 채권을 보유하기 어렵거나 돈이 필요한 경우가 있다. 이런 사람들은 보유하고 있는 채권을 만기 이전에 언제든지 다른 사람에게 팔 수 있다.

금리와 반대로 움직이는 채권 가격

주식 투자가 너무 위험하다고 판단되면 채권 투자를 고려할 수 있다. 채권은 회사가 망하지 않는 한, 원금과 이자를 받을 수 있다. 주식보다는 기대할 수 있는 수익률이 낮지만 안전하다. 예금보다는 수익률이 높지만 덜 안전하다. 여러 가지 면에서 주식과 예금 사이에 있는 셈이다.

어떤 사람은 주식처럼 채권에서도 시세 차익을 추구한다. 채권 가격이 쌀 때 구입해서 가격이 비쌀 때 파는 방법이다. 그러면 채권 가격은 어떻게 결정될까?

채권 가격은 금리에 의해서 결정된다. 좀 더 구체적으로 말하면, 채권 가격은 금리와 반대 방향으로 움직인다. 금리가 상승하면 채권 가격이 하락한다. 금리가 하락하면 채권 가격이 상승한다.

채권 가격과 금리 사이의 관계를 이해하려면 앞에서 얘기했던 현재가치란 개념을 다시 소환해야 한다.

　채권은 만기일이 될 때까지 약속한 이자를 지급해주며, 만기일이 되면 원금을 주는 상품이다. 그런데 만약 금리가 상승하면 채권으로 미래에 받을 수 있는 이자의 현재가치가 줄어든다. 그러므로 그 채권이 지니는 가치, 즉 채권 가격이 떨어진다. 이와 반대로 금리가 하락하면 채권에서 받을 수 있는 이자의 현재가치가 늘어난다. 따라서 채권 가격도 오른다.

채권 투자는 언제나 안전할까?

채권이 주식에 비해서 안전한 투자 대상임은 확실하지만, 그렇다고 위험이 전혀 없다는 뜻은 아니다. 정부가 발행하는 국공채의 경우에는 원금이 보장되지만, 회사채의 경우에는 발행 회사가 파산할 위험이 있다.

위험을 피하려면 신용도가 높은 회사의 채권을 구입해야 한다. 대신 금리가 낮다. 반면에 신용도가 낮은 회사는 신용도가 높은 회사보다 높은 금리를 제시함으로써 투자자를 유인한다.

채권에서도 고위험 고수익, 저위험 저수익의 원리가 적용되고 있는 것이다. 위험을 무릅쓰고 신용이 낮은 회사의 채권을 사서 많은 수익을 기대할 것인지, 아니면 안전한 회사의 채권을 사서 적지만 확실하게 수익을 챙길 것인지를 선택해야 한다.

슬기로운 토끼는
굴을 세 개 파놓는다

짚신을 팔까, 나막신을 팔까?

김선달은 "짚신을 팔까 아니면 나막신을 팔까?"를 놓고 고민하다가 짚신을 팔기로 결심했다. 맑은 날이 계속되어 짚신 장사가 잘되었다. 번 돈을 세면서 선택이 탁월했다고 흡족해했다. 그러나 장마철이 되자 짚신을 찾는 손님이 없어 끼니 때우기도 어려웠다. 김선달은 나막신을 팔기로 마음을 바꿨다. 다시 장마철이 지나자 나막신을 찾는 손님이 줄어들어 그의 가게는 또 문을 닫을 지경이 되었다.

한 가지 물건만 팔 때, 장사가 잘되면 큰돈을 벌겠지만 반대의 경우라면 가게가 망할 수도 있다. 결국 맑을 때나 비가 올 때나 안정적인 수입을 보장받으려면 짚신과 나막신을 모두 파는 것이 현명하다.

열심히 일해서 모은 금은보화를 한곳에 묻어두었다가 몽땅 털렸다는 옛날이야기도 있다. 만약 재산을 여러 곳에 나누어 보관했더라면 전 재산을 잃지는 않았을 것이다. 도둑이 여러 곳에 나누어둔 것을 모두 찾아낼 가능성은 낮다.

두 이야기 모두 위험을 분산할 필요가 있다는 교훈을 주고 있다. 투자에 도움이 되는 원칙들이 많이 있지만, 그 가운데에서도 제1의 원칙은 단연코 분산 투자다.

영화에 나오는 '닥터 스트레인지'처럼 미래를 보는 눈이 있다면 올인이 좋은 전략이지만, 우리는 한 치 앞도 내다볼 수 없는 불확실한 세상에 살고 있다. 이 사실을 무시하고 한곳에 모든 것을 쏟아붓는 올인 투자는 "모 아니면 도" 식의 무모한 행위다. 이는 투자가 아니라 도박이다.

여러 곳에 분산해서 투자하는 행위를 "포트폴리오를 구성한다"고 말한다. 포트폴리오portfolio란 원래 칸이 구분되어 있는 서류 가방을 말한다. 서로 다른 성격의 투자 대상을 구분하고 골고루 보유하는 모습이 서류를 각각 구분해서 보관하는 가방과 같다는 데에서 유래했다.

돈가방은 여러 개일수록 좋다!

분산 투자는 유동성, 안전성, 수익성이 서로 다른 여러 상품에 골고루 투자함으로써 위험을 최소화하면서도 비교적 높은 수익을 추구하는 합리적인 투자 방법이다. 한 곳에서 손실이 발생하더라도 다른 곳에서 얻는 수익으로 이를 보완할 수 있다.

"달걀을 한 바구니에 담지 말라"라는 서양 속담은 분산 투자의 중요성을 일깨워준다. 달걀을 한 바구니에 담을 경우 자칫 실수하면 달걀이 모조리 깨질 수도 있으니 나누어 담으라는 지혜다.

투자 전문가들은 은행 예금, 주식, 채권, 부동산 등에 골고루 나누어 투자하라고 제안한다. 유동성이 뛰어난 은행 예금에 자금의 3분의 1 정도를 투자하여 언제 발생할지 모르는 현금 수요에 대비한다. 주식에 대한 투자 비중도 3분의 1 정도 유지함으로써 높은 수익률을 추구한다. 부동산은 안전성과 비교적 높은 수익률을 동시에 기대하는 장기적 성격의 투자 대상이다.

이 비율을 항상 정확히 지키라는 뜻은 아니다. 개인 사정에 따라 적절하게 비율을 정하면 된다. 중요한 것은 유동

성, 안전성, 수익성 면에서 각각 다른 여러 곳으로 투자 자금을 분산한다는 점이다.

옛날부터 숫자 3은 매우 안정적인 균형을 의미했다. 사마천의 역사서 《사기(史記)》를 보면 '교토삼굴(狡兎三窟)'이라는 말이 나온다. 슬기로운 토끼는 만약을 대비해서 숨을 굴을 세 개 파놓는다는 뜻이다. 그렇다고 분산을 너무 많이 하면 오히려 수익률이 저조해지고 관리하기 어려워진다. 적당하게 분산 투자해야 한다.

똑똑한 경제 습관

금융회사들은 고객의 예금을 한 푼이라도 더 유치하기 위해서 고객의 수요에 맞추어 다양한 금융 상품을 개발해 놓고 있다. 이젠 투자자들이 골라 먹는 재미를 찾아야 한다. 금융 상품 가운데 자신에게 맞는 상품을 선택할 때 고려할 요소가 몇 가지가 있다.

첫 번째는 금리다. 은행이 제시하는 금리 수준이 가장 중요하지만, 가입할 때 약정한 금리가 만기 때까지 유지되는지 여부도 확인해야 한다. 시장 금리가 변동하더라도 처음 약정한 금리가 계속 유지되는 상품이 고정 금리 상품이다. 정기예금이나 정기적금은 대부분 고정 금리를 지급한다.

시장의 금리에 연동해서 금리가 변하는 연동 금리 상품도 있다. 금융회사가 고객의 돈을 운용해 그 실적에 따라 수익을 지급하기도 한다. 이것이 실적 금리 상품이다. 이자 지급 방식이 단리식인지 복리식인지도 따져보아야 한다.

둘째, 금리의 변화 추세도 고려할 필요가 있다. 만약 앞으로 금리가 떨어질 것 같다면 고정 금리 상품에, 그리고 장기 상품에 가입하는 게 유리하다. 시장의 금리가 하락하더라도 계약 당시의 고금리가 유지되기 때문이다. 반대로 금리가 올라갈 것으로 예상되면 단기 상품에 가입해야 한다. 만기가 도래할 때 오른 금리를 주는 상품에 다시 가입함으로써 금리 상승의 혜택을 누릴 수 있다.

셋째, 돈을 입금하는 방법도 확인할 필요가 있다. 가입할 때 목돈을 넣고 만기 때까지 기다리는 상품을 거치식이라고 한다. 정기예금이 대표적인 거치식 상품이다. 목돈이 없지만 정기적으로 수입이 있는 사람은 적립식 상품에 가입해서 만기가 될 때까지 조금씩 돈을 넣으면 된다. 예를 들면 적금이 있다. 요즘에는 형편에 따라 자유롭게, 즉 아무 때나 그리고 금액도 형편 되는 대로 입금할 수 있는 임의식 또는 자유 적립식 상품도 출시되어 있다.

마지막으로 해당 금융회사의 안전성과 자금 운용 능력을 알아보고, 금융 상품이 예금자보호법에 의해 보장받는 상품인지도 확인해야 한다. 운용 실적에 따라 수익을 돌려주는 금융 상품들은 대부분 예금자 보호를 받지 못하기 때문에 신중하게 가입 여부를 결정해야 한다.

간접 투자

투자의 왕, 워런 버핏의
경고

우리는 모두 개미?

"기초적인 재무 지식이 있고, 1주일에 8시간 이상 주식 공부에 투자할 시간이 있는 사람이라면 본인이 직접 주식 투자하는 것도 괜찮다."

주식 투자의 귀재라고 불리는 워런 버핏의 말이다.

"탐욕과 공포심을 적절히 통제할 수 있는 득도의 경지에 도달했다면 주식의 직접 투자가 최고의 재테크 수단"이라는 말도 있다.

이는 모두 개인이 직접 주식에 투자하는 행위가 얼마나

위험한지를 경고하는 말들이다.

투자 자금이 많지 않은 개인 투자자를 '개미' 또는 '개미 투자자'라고 부른다. 눈에 보이지 않을 정도로 작으며, 때를 지어 이리저리 과자 부스러기를 옮기느라 땀을 흘리는 개미의 모습에 빗댄 말이다. 덩치가 큰 기관투자자(증권회사, 은행 등)나 외국인 투자자의 한 방 펀치에 맥을 쓰지 못하는 개인 투자자의 무력함을 꼬집는 말이기도 하다.

전문 지식과 경험을 갖추지 않은 사람에게 직접 투자는 적당하지 않다. 주식시장에서 개인 투자자의 경쟁 상대

탐욕과 공포심을 적절히 통제할 수 있는 득도의 경지에 도달해야 합니다.

는 비슷한 처지의 개미들이 아니라 엄청난 규모의 자금, 풍부한 경험, 다양한 전문 지식으로 무장한 전문가, 기관투자자, 외국인들이다. 하루 종일 주식만 연구하는 이들과 겨루어 개인 투자자가 돈을 벌려면 이들보다 더 많이 공부하고 더 많은 시간을 투자해야 하지만, 이는 현실적으로 불가능하다.

간접 투자를 하는 방법

전문가들은 소액의 개인 투자자들에게 직접 투자 대신에, 전문 투자 기관에 돈을 맡겨 운용을 위탁하는 간접 투자를 권한다. 간접 투자를 위해서 금융회사에 돈을 맡기는 행위를 신탁이라고 하고, 간접 투자를 원하는 고객을 위해서 금융회사들이 개발한 상품을 신탁 상품이라고 한다.

신탁 상품을 전문적으로 운용하는 회사가 자산운용회사나 투자자문회사다. 이런 회사들이 여러 투자자로부터 모은 뭉칫돈을 펀드fund라고 하며, 펀드 매니저가 이 뭉칫돈을 운용한다. 회사는 펀드를 운용하여 얻은 이익을 고객들에게 돌려주고, 일정한 보수와 수수료 명목의 수입을 챙긴다.

주식이나 채권에 투자하는 펀드에 가입하는 방법은 은

행에 예금하는 것과 비슷하다. 펀드 판매를 대신 해주고 있는 은행이나 증권회사 창구를 찾아가면 된다. 물론 인터넷이나 모바일로도 가입할 수 있다.

펀드는 확정된 금리를 지급하지 않지만, 예금과 비교하자면 복리법이 적용되는 상품이라 할 수 있다. 1만 원을 투자해서 10퍼센트의 수익, 즉 1,000원을 벌면 다음에 1만 1,000원을 모두 재투자하기 때문이다. 여기에서 발행하는 수익 역시 다음에 다시 재투자한다.

다만 수익률이 매번 달라진다는 차이가 있다. 복리의 진정한 위력은 가입 기간에 있으므로, 펀드에 투자하기로 마음먹는다면 일찍 가입해 장기 투자하는 편이 좋다.

펀드! 펀드! 펀드! 그래도 손실은 나의 책임

다양한 종류와 성격의 펀드가 속속 개발되고 있다. 과거에는 최소한 수백만 원 이상의 뭉칫돈이 있어야 펀드에 가입할 수 있었지만, 이제는 큰돈이 없는 사람들도 가입할 수 있도록 적립식 펀드가 등장했다. 은행의 적금처럼 정기적으로, 또는 비정기적으로 자신의 펀드에 돈을 조금씩 꾸준히 넣을 수 있는 펀드들이다.

금융회사가 고객에게 펀드를 판매할 때에는 모은 돈을 주로 어디에 투자하겠다고 미리 정해놓고 있으므로, 투자자는 자신에게 맞는 성격의 펀드를 고르면 된다. 주식에 많이 투자하는 주식형 펀드는 높은 수익률을 기대할 수 있지만, 그만큼 원금 손실의 위험이 크다. 채권에 많이 투자하는 채권형 펀드는 주식형 펀드에 비해서 안전하지만 기대할 수 있는 수익률이 낮다. 주식과 채권에 골고루 투자하는 혼합형 펀드도 있다.

펀드를 통해 주식이나 채권에만 투자할 수 있다는 고정관념은 이제 버려야 한다. 주식이나 채권 투자를 위한 펀드가 가장 많기는 하지만, 소액 투자자들의 욕구가 다양해지면서 다른 상품에 투자하는 펀드들이 대거 출시되었다.

엔터테인먼트 펀드는 영화나 음반 같은 문화 사업에 투자한 후 발생하는 이익을 돌려주는 펀드다. 주식 펀드와 성격이 동일하지만 투자 대상이 영화나 음반이다. 부동산 개발 사업에 투자하는 부동산 펀드, 배를 제작하거나 구입한 후에 배를 임대해주어 수익을 창출하는 선박 펀드, 경매 시장에 나온 부동산에 투자하는 경매 펀드, 금에 투자하는 금 펀드, 달러에 투자하는 환율 펀드 등 실로 펀드의 종류는 다양하다.

간접 투자는 직접 투자에 비해서 상대적으로 안전할 뿐이지 100퍼센트 안전하지는 않다. 주가가 대세적으로 하락하는 경우에는 아무리 뛰어난 펀드 매니저라도 이익을 내기 쉽지 않다. 손실을 보상해주지도 않는다. 간접 투자에서 발생하는 이익이 개인 투자자의 몫인 것처럼 손실 역시 해당 펀드를 선택한 자신이 스스로 감당해야 한다.

친구일까?
적일까?

똘똘이 스머프의 똘똘한 선택

주가는 주식의 가격이다. 금리는 돈의 가격이다. 환율은
외국 돈의 가격이다. 금융에서 빠지지 않고 등장하는 이 세
가지 가격은 일정한 관계를 맺으며 서로 연결되어 움직인
다. 이들 사이에 존재하는 관계를 이해한다면 경제 흐름의
반을 읽은 것이나 마찬가지다. 또한 이를 알아두면 경제 신
문도 술술 읽힌다.

먼저 주가와 금리의 관계를 살펴보자. 똘똘이 스머프는
유동성, 안전성, 수익성을 고려해 자산을 예금, 주식, 부동

산에 골고루 분산 투자해놓고 있다. 역시나 똑똑하다. 그러던 어느 날, 금리가 많이 떨어져 있음을 알게 되었다. 똘똘이는 만기가 된 정기예금을 즉시 인출했다.

똘똘이 스머프는 주식에 투자하는 게 낫다고 판단해 증권회사를 찾았다. 주변에 똘똘이와 같은 생각을 하는 스머프들이 많았다. 편리 스머프도 욕심이 스머프도 상담 중이었다. 증권회사 창구는 붐볐고, 주식을 사려는 스머프들이 모여서 정보를 교환하고 있었다. 텔레비전에서는 주가가 오르고 있다는 뉴스가 흘러나왔다.

이처럼 주가와 금리는 역의 관계에 있다. 금리가 상승하면 주가는 하락하고, 금리가 하락하면 주가는 상승하는 경향이 있다.

금리가 하락하면 예금이나 채권의 수익성이 낮아진다. 투자자들은 수익성이 상대적으로 높아진 주식으로 눈을 돌린다. 주식시장으로 돈이 많이 흘러가므로 주식을 사려는 수요가 증가하고 주가가 상승한다.

반대로 금리가 오르면 주식시장에 흘러 들어오는 돈이 줄어들고 돈이 채권시장이나 예금으로 흘러가 주가가 떨어진다.

주가와 환율은 왜 반대로 움직일까?

주가는 환율의 영향도 받는다. 자본시장이 개방되어 있지 않아 외국인 투자자들이 국내 주식을 살 수 없는 상황에서는 주가와 환율의 관계가 매우 단순하다. 환율이 오르면 우리 기업의 수출이 호조를 보이므로 경기가 좋아지고 수익이 증가한다. 그러므로 주가도 따라 오른다. 결국 주가는 환율과 정의 관계에 있다.

그러나 이는 다른 마을과 교류가 없는 스머프 마을 같은 나라에만 해당되는 이야기다. 자본시장이 개방되어 외국인이 우리나라 주식을 살 수 있는 경우에는 이야기가 조금 복잡해진다.

외국인들은 우리나라에 달러를 들여와 원화로 환전한 후 주식을 산다. 그리고 적당한 시점이 되면 주식을 팔아서 받은 원화를 다시 달러로 환전해서 본국으로 가져간다. 다시 달러로 환전할 때 환율이 오르면 외국인이 손에 쥐는 달러의 양이 감소한다. 환차손이다. 다음의 간단한 사례를 보면서 이를 확인해보자.

미국인 투자자가 있다. 그는 환율이 달러당 1,000원일 때 100달러를 가지고 한국에 와서 원화 10만 원으로 환전한 후 주식을 샀다. 한 달 후 주가가 10퍼센트 상승했다. 미국인 투자자는 10퍼센트의 수익률에 만족했고 보유했던 주식을 팔아 11만 원을 받았다.

이 돈을 달러로 환전하려고 은행으로 간 그는 곧 실망하고 말았다. 그사이 환율이 10퍼센트 상승해 1달러에 1,100원이 되었기 때문이다. 결국 그의 손에 쥐어진 돈은 고작 100달러뿐이었다.

주가가 올라서 벌었던 이익이 환율 상승으로 물거품처럼 다 사라져버린 것이다. 아쉬웠지만 미국인 투자자는 그나마 환율이 10퍼센트밖에 오르지 않은 것에 감사하기로 했다. 만약 환율이 10퍼센트보다 더 많이 올랐더라면 주식 거래에서는 이익을 보았지만 달러로 환전할 때 손실을 보았을 것이기 때문이다.

이와 같이 외국인 투자자는 원화 환율이 오르면 손실, 환차손을 보게 된다. 그래서 그들은 환율이 상승하기 시작하면 주식을 서둘러 팔기 시작한다. 외국인 투자의 비중이 높은 우리나라에서 외국인의 주식 매각은 주가 하락으로 이어진다. 이처럼 환율과 주가는 서로 반대 방향으로 움직이는 경향이 있다.

밀짚모자는 겨울에 사는 거야!

경기가 나쁘면 주가가 하락하며, 경기가 좋으면 주가가 상승한다. 이는 매우 분명한 현상이다. 다만, 주가는 경기보다 반년 정도 먼저 움직인다.

현재 경기가 좋지 않아도 조만간 경기가 회복될 것으로 예상되면 사람들은 주가가 비싸지기 전에 미리 주식을 구입하기 시작하므로 주가가 오른다. 실제로 경기가 완연히 회복된 시기가 되면 주가는 이미 상당히 높은 수준으로 오

른 상태다. 뒤늦게 주식 투자에 나선 사람은 이미 비싸진 주식을 사는 꼴이며, 높은 수익률을 얻기 힘들다. 이른바 뒷북을 친 꼴이다.

경기가 좋은 상태에 있음에도 주가가 하락하는 것도 마찬가지다. 조만간 경기가 하락세로 돌아설 것이라는 예상을 하고 주가가 떨어지기 전에 미리 파는 사람들이 있기 때문이다.

즉, 남들보다 경기 흐름을 빨리 전망해야 주식 투자로 돈을 벌 가능성이 높다.

그래서 증권시장에는 "밀짚모자는 겨울에 사라"는 격언이 떠돈다. 밀짚모자는 여름에 수요가 많아져 비싸지므로, 가격이 싼 겨울에 미리 사두라는 뜻이다.

미니멀 경제학

6부

보험 설계사도
제대로 모르는
위험 관리
이야기

공든 탑도
무너진다

10년 공부 도로아미타불

　옛날에 젊은 스님이 한 고을로 탁발을 나섰다가 아름다운 처녀와 마주쳤다. 절로 돌아온 스님은 그 처녀를 잊지 못해 상사병에 걸리고 말았다. 고민하던 스님은 처녀에게 청혼했다. 처녀는 10년 동안 한 방에서 지내되 손목도 잡지 말고 친구처럼 지내면 아내가 되겠노라 약속했다.

　이렇게 시작된 동거가 10년을 딱 하루 남긴 날 밤, 스님은 참다못해 처녀의 손을 잡고 말았다. 그 순간 처녀는 새가 되어 날아가버렸다.

"10년 공부 도로아미타불."

우리 인생에도 이런 일이 발생하지 않으리란 법이 없다. 사람들은 열심히 일해 돈을 번다. 먹을 것 먹지 않고 입을 것 입지 않으면서 한 푼 두 푼 돈을 모아 차도 사고 집도 산다. 그런데 운전 중 한순간의 실수로 대형 사고를 내면 많게는 수억 원을 보상비로 지출해야 한다. 이웃집에서 시작된 불이나 산불이 우리 집까지 옮겨 붙어 수십 년을 꼬박 모아서 마련한 전 재산이 하루아침에 사라질 수도 있다.

남의 일이라 여길 수도 있겠지만 실제로 우리의 삶에는

예상치 못한 사건과 사고가 도사리고 있다. 위기는 예고 없이 불쑥 찾아온다.

10년의 노력과 인내가 한순간에 수포로 돌아간 젊은 스님의 경우에는 그나마 덜 억울하다. 자신이 자초한 결과다. 하지만 위험은 자신의 실수가 아니라, 전혀 의도치 않은 순간에 전혀 예상치 못한 주변 환경이나 타인에 의해 닥치기도 한다. "공든 탑이 무너지랴"라는 속담이 있지만, 위험은 공든 탑도 무너뜨린다.

나는 위험에 둔감할까, 민감할까?

사람들은 일반적으로 위험을 싫어하고 되도록 회피하려 한다. 여러분도 마찬가지일 것이라 생각된다.

자신이 위험을 싫어하는지의 여부를 다음과 같은 방법으로 구분할 수 있다. 아주 손쉬운 방법이다.

동전을 던져서 앞면이 나오면 100만 원을 받고, 뒷면이 나오면 한 푼도 받지 못하는 게임이 있다고 하자. 이 게임의 참가비가 얼마 이하일 때 게임에 도전하겠는가? 참고로 이야기하면 동전의 앞면이 나올 확률과 뒷면이 나올 확률이 각각 2분의 1이므로, 게임에서 기대할 수 있는 이득은

50만 원이다.

$$(100만 원 \times 1/2) + (0원 \times 1/2) = 50만 원$$

만약 참가비가 기댓값인 50만 원보다 작다면 게임에 참가하는 게 유리하다. 50만 원보다 적게 내면서도 게임에서 50만 원의 수익을 기대할 수 있다.

하지만 참가비가 40만 원이더라도 게임에 참가하는 것을 망설이는 사람들도 있다. 한 푼도 받지 못할 절반의 가능성이 실현될까 봐 두려워하는 사람들이다. 이들은 위험을 싫어하는 사람들이다.

반대로 참가비가 60만 원이더라도 100만 원을 노리고 게임에 참가하는 사람들도 있다. 비교적 사행성이 강한 사람들이며 위험을 상대적으로 즐기는 사람들이다.

기도보다는 관리가 현명하다

나쁜 일은 일어나지 않고 좋은 일만 생기면 좋겠지만, 이는 인간이 통제할 수 있는 영역이 아니다. 인간으로서 우리가 할 수 있는 일은 위험이 발생할 경우 감당해야 할 금전적 피해를 최소화할 수 있는 방법을 찾는 것이다.

개인이나 가정에서 가지고 있는 자원은 한정되어 있다. 위험이 닥쳤을 경우 택할 수 있는 방법도 다양하지 못하며, 비용마저도 전적으로 개인의 부담이다.

그래서 개인이나 가정에서는 질병, 상해, 사망, 화재, 과실, 도난, 강도, 사기, 노후 등 다양한 위험을 적절히 관리할 필요가 있다. 운동 경기에서 골을 많이 넣는 것도 중요하지만 골을 먹지 않는 것이 중요하듯이, 돈을 버는 일 못지않게 예상치 못한 지출에 대한 사전 대비가 필수다.

어떻게 위험을 관리할 수 있을까? 여러 가지 방법이 가능하다.

우선 위험 자체를 피하는 방법이 있다. 위험이 수반되는 물건을 갖지 않거나 위험이 따르는 일이나 행동을 하지 않는 방법이다. 예를 들면 교통사고를 피하기 위해서 자동차를 운전하지 않고, 부상 위험이 있는 운동을 아예 멀리한다. 그러나 이 방법은 매우 소극적일 뿐 아니라 비현실적이다. 오늘날 운전을 하지 않고 살기란 어려우며, 교통사고 피해는 운전자가 아니더라도 입을 수 있다.

다음으로 위험을 감수하되, 위험 가능성을 줄이거나 손실의 규모를 축소시키는 방법이 있다. 화재가 발생하지 않도록 집 안팎의 시설을 항상 살피고 모든 전기기구를 안전한 상태로 유지한다. 운전 중에는 안전띠를 반드시 매며 과속 운전을 하지 않는다. 자전거를 탈 때는 반드시 안전모를 착용한다.

마지막으로 위험을 이전시키는 방법이 있다. 위험이 발생할 때 초래되는 금전적 손실을 다른 사람이 보상하게 만드는 방법이다. 어린 자녀가 사고를 내면 부모가 대신 수습해주는 것처럼 말이다. 바로 보험이 그런 역할을 한다.

'어인모'라는 말을 들어본 적이 있는가? 어떤 보험회사가 광고 문구로도 사용한 적이 있는데, '어쨌든 인생은 모험'의 줄임말이다. 모험 없는 인생은 밋밋하므로 모험을 즐기는 사람들이 늘고 있다. 하지만 모험에는 위험이 따르는 법이다. 모험을 즐기되, 위험을 피할 도리가 없다면 그 해법은 보험 가입이다.

256

순수한 위험(?)만
보전해드립니다

베니스를 만든 보험의 힘

이탈리아의 베니스는 도시 전체가 유네스코 세계 문화 유산에 등재되어 있다. 유서 깊은 건물들이 바다를 배경으로 빼곡하게 늘어서 있는 모습을 보노라면 그 어느 도시와도 견줄 수 없는 아름다움이 느껴진다.

"그 오래전에 어떻게 이런 도시를 만들 수 있었지?" 하는 궁금증도 절로 나온다.

베니스 탄생의 배경은 역시 경제력이다. 베니스는 중세 시대 지중해 무역의 중심지로서 세계에서 가장 부유했던 지역이다. 그렇다면 유럽의 많은 도시 가운데 왜 하필 베니스가 가장 부유한 지역이 되었을까? 전문가들은 보험이 중요한 역할을 했다고 이야기한다.

중세 시대에 외국과의 무역은 수익성이 매우 높았다. 먼 지역에서 생산되는 희소한 물건을 교역하면 돈방석에 앉았다. 문제는 무역에 따르는 위험이었다. 지금처럼 항해 기술이 뛰어나거나 강철로 만든 선박이 있었을 리 없다. 멀리 진출하면 할수록 도중에 불의의 사고로 배가 침몰하거나 해적을 만날 위험이 커졌다. 그래서 당시 유럽 대부분 지역은 상대적으로 위험 부담이 적은 지중해 지역을 중심으로 근거리 무역에 치중했다.

하지만 베니스는 보험을 도입해 다른 길을 걸었다. 상인들은 선주에게 운임비 외에 추가로 돈을 지불했다. 그 웃돈이 바로 보험료였다. 만약 항해 도중 배가 침몰하거나 해적을 만나 물건을 뺏기면, 보험료를 받은 선주가 상인에게 피해를 보상해주었다. 오늘날의 보험이 하는 역할과 같다.

덕분에 베니스 상인들은 지중해를 벗어나서 중동이나 인도 등 먼 지역까지 진출할 수 있었다. 보험 덕분에 베니스는 세계의 무역 중심지가 되었고 많은 부를 쌓을 수 있었다.

보험이 개인의 안정적인 생활 유지에도 도움이 되지만, 한 국가의 경쟁력에도 중요한 영향을 미칠 수 있음을 보여주는 역사적인 사례다.

극기 훈련을 떠나면서

보험(保險)은 '위험을 보증한다' 또는 '책임진다'는 뜻이다. 인간으로서 위험 자체를 피할 도리는 없다. 다만 만약에 위험이 닥쳐 사고가 발생했을 경우, 필요한 금전적 손실을 보호해준다는 뜻이다. 즉, 많은 사람들이 평소에 조금씩 돈을 모으고 있다가 뜻밖의 사고를 당해 커다란 손실을 입은 사람에게 그동안 모은 돈을 지급해주는 제도가 보험인 것이다.

보험의 원리는 의외로 간단하다. 학교에서 단체로 극기 훈련을 간다고 생각해보자. 학생 1,000명이 떠나는데, 과거 선배들의 경험으로 보면 평균 한 명은 극기 훈련 중 다리가 골절되는 부상을 입었다. 그리고 부상을 치료하는 데 100만 원의 비용이 들었다. 학생 개인의 입장에서는 적지 않은 부담이다.

이때 선생님이 각자 1,000원씩 돈을 내자고 제안한다.

1,000명으로부터 1,000원씩 모으니 합이 100만 원이다. 극기 훈련 중 부상을 입는 학생이 생기면 그 돈으로 치료비를 내주면 된다.

이제 모든 학생이 부상 치료비 걱정 없이 즐거운 마음으로 극기 훈련을 떠날 수 있다. 이것이 보험의 원리다. 상부상조의 원리라 할 수 있다.

한 학생당 1,000원은 큰 부담이 아니다. 아이스크림 한 개 안 사 먹으면 되는 돈이다. 이 정도의 돈이라면 기꺼이 낼 만하다. 그렇다고 각자가 낸 돈 1,000원이 그냥 사라지는 것도 아니다. 친구의 부상 치료비로 보람 있게 쓰인다.

다친 학생은 1,000원을 내고 치료비로 100만 원을 받았으니 큰 혜택을 입는다. 단돈 1,000원을 아끼기 위해서 돈을 내지 않았다가 다치면 100만 원을 혼자 힘으로 부담해야 한다. 돈을 내는 편이 더 낫다.

학생들이 각자 내는 돈 1,000원처럼 보험에 가입한 사람이 내야 하는 돈을 보험료라고 하며, 사고를 당한 사람이 받는 보상금 100만 원을 보험금이라고 한다.

시중에서 판매되고 있는 보험의 원리도 이와 동일하다. 다만 규모가 더 크다는 차이점만 있다. 1,000명 정도가 아니라 훨씬 더 많은 사람을 대상으로 하고 있으며 금전적으

260

미니멀 경제학

로도 더 큰 피해에 대해 보상해준다.

보험의 성립 조건과 대수의 법칙

보험이 제대로 작동하려면 몇 가지의 전제 조건이 필요하다.

첫째, 금전적 위험을 회피하고자 하는 사람들이 매우 많아야 한다. 집에 불이 나면 1억 원의 피해를 보상해주는 보험을 만들려고 하는데, 화재를 두려워하는 사람이 100명 정도밖에 없다면 한 사람이 내야 하는 보험료가 적어도 100만 원이 된다. 이런 경우에 사람들은 비싼 보험료가 부담스러워 선뜻 보험에 가입하려고 하지 않는다. 보험이 성립될 수 없다. 만약 화재를 두려워하는 사람이 100명이 아니라 1만 명이라면 보험료는 1만 원으로 줄어든다.

보험에 가입하려는 사람들이 많아야 하는 이유는 하나 더 있다. 보험회사에서 사고가 날 확률을 정밀하게 추정하고 보험료를 책정하는 데 결정적으로 도움이 되기 때문이다. 그 이유는 수학에서 말하는 대수의 법칙law of large numbers에서 찾을 수 있다.

대수의 법칙은 동전 던지기 사례를 통해서 쉽게 이해할

수 있다. 우리는 동전의 앞면이나 뒷면이 나올 확률이 2분의 1이라고 알고 있다. 그렇지만 실제로 동전을 두 번 던진다고 해서 앞면과 뒷면이 각각 한 번씩 나오지는 않는다. 열 번 던지더라도 각각 다섯 번씩 나오는 경우는 별로 없다. 다만 동전을 계속해서 수없이 던지면 앞면과 뒷면이 나올 확률이 각각 2분의 1로 수렴한다는 뜻이다. 이것이 대수의 법칙이다.

　다시 보험으로 돌아가보자. 보험회사도 한 해 동안 암 환자가 몇 명이 발생하고 교통사고가 얼마가 될지 미리 알

수 없다. 하지만 사람들이 많아질수록 보험회사가 과거의 경험을 바탕으로 추정하는 사고 확률이 실제로 발생하는 사고 확률과 가까워진다. 그래서 보험에 가입하는 사람이 많아져야 한다.

둘째, 위험이 닥쳐서 사고가 발생할 경우 금전적 피해가 커야 한다. 가방에 넣고 다니는 볼펜 한 자루를 잃어버릴 위험은 항상 존재하지만, 볼펜을 잃어버리더라도 금전적 피해는 기껏해야 1,000원에 불과하다. 이를 보장하기 위해 보험에 가입하려는 사람은 없다. 위험으로 인한 금전적 손실이 자신의 소득에 비해서 비교적 큰 경우에 대해서만 보험이 성립할 수 있다.

셋째, 위험이 누구에게 닥칠지 미리 알 수 없어야 한다. 만약 어떤 위험이 자신에게 발생할 가능성이 전혀 없음을 확실하게 알고 있는 사람이라면 굳이 보험료를 내면서 보험에 가입할 이유가 없다. 반대로 위험이 자신에게 발생할 가능성이 높음을 인지한 사람들만 보험에 가입할 것이다.

사고를 당할 사람들만 보험에 가입하면, 금전적 손실이 감당할 수 없을 정도로 커져 보험회사가 보험금을 지급할 수 없는 상황이 된다. 보험은 사고를 당하지 않는 사람들이 내는 보험료가 사고를 당하는 사람의 피해를 보전해주는 원리이므로, 사고를 당하는 사람들과 사고를 당하지 않는 사람들이 골고루 섞여 있어야 한다.

위험 있는 곳에 보험 있다?

위험이 있다고 해서 항상 보험이 존재하는 것도 아니다. 예를 들어 주식에 투자하면 돈을 잃을 위험이 있기 마련이지만, 이를 보장해주는 보험은 없다. 주식 투자나 부동산 투자처럼 돈을 잃을 가능성도 있지만 잘 운용하면 이득을 볼 수도 있는 위험을 투자 위험이라고 한다. 이러한 투자 위험에 대해서는 보험을 제공해주지 않는다.

"위험 있는 곳에 보험 있다"는 말이 있지만, 위험도 위험 나름이다. 돈을 잃을 위험이 싫으면 주식 투자나 도박을 하지 않으면 그만이다. 자신이 자발적 의지로 충분히 피할 수 있는 위험까지 보험회사가 신경 써줄 필요는 없다.

투자 위험과는 달리 이득은 없으며 사고가 발생하면 개인이나 사회에 손실만 발생하는 위험을 순수 위험이라고 한다. 보험은 이처럼 손실만 발생하는 순수 위험을 대상으로 한다.

보험료는
얼마가 적당할까?

사고가 없으면 손해?

흥부의 아버지는 보험에 가입하고 보험료를 딱 한 번 낸 후에 사망했다. 흥부는 보험회사로부터 3억 원의 보험금을 받았다.

놀부는 보험에 가입하고 수십 년 동안 보험료를 꼬박 냈지만 사고를 한 번도 당하지 않아 보험금을 타본 적이 없다. 놀부는 억울하다며 보험 계약 기간이 끝났을 때, 자신이 냈던 돈을 돌려달라고 보험회사에게 요구했다. 놀부는 돈을 돌려받을 수 있을까? 아니, 그보다 돈을 돌려달라는 주장이 타당할까?

아주 단순한 사례를 통해 이 문제를 생각해보자. 1만 명이 매달 1,000원씩 보험료를 낸다. 그리고 1만 명 가운데 한 명은 첫 달에 사고를 당한다. 1만 명이 낸 보험료 1000만 원은 첫 달에 사고를 당한 사람에게 지급된다. 월말이 되자 어떤 사람이 자신이 낸 보험료를 돌려달라고 하면 어떻게 될까? 그 사람이 낸 보험료는 이미 사고를 당한 사람에게 지급되었으므로 보험회사에는 돌려줄 돈이 없다.

보험 가입자 가운데에는 흥부와 같은 사람도 있고 놀부와 같은 사람도 있다. 놀부와 같은 가입자들이 낸 보험료가 있기에 흥부와 같은 가입자가 보험금을 받을 수 있는 것이다.

보장성 보험과 저축성 보험

만기가 도래하기 전에 보험 계약을 해약하는 경우, 그동안 낸 보험료 전액을 돌려받지 못하는 이유가 여기에 있다. 내가 낸 보험료는 보험에 가입되어 있는 기간 동안에 "만약 내가 사고를 당하면 어떡하지?"와 같은 근심을 하지 않고 생활할 수 있게 해준 데 대한 대가라 생각하고 잊어야 한다.

보험 계약 기간 동안에 사고가 발생하면 보험금을 받지만, 사고 없이 기간이 종료되면 환급금이 전혀 없는 것이 일반적인 보험의 특징이다. 이와 같은 보험을 보장성 보험이라고 한다. 말 그대로 사고에 대한 보장만 해주는 순수한 의미의 보험이다.

그런데 만기가 되었을 때 한 푼도 돌려받지 못한다면 보험 가입이 손해라고 생각하면서 보험을 외면하는 사람들이 많았다. 위험 관리에 대한 인식이 부족하고 보험에 대한 의식이 모자란 탓이다.

그렇다고 보험회사가 무작정 사람들의 인식이 바뀌기를 기다릴 수는 없었다. 그래서 보험회사들은 만기가 되었을 때 환급금을 지급해주는 저축성 보험을 개발하였다. 사고를 보장해주는 보장성 보험에다가 적금의 기능을 추가해서 만기가 되면 보험금의 일부를 돌려받는 보험이다.

당연히 순수 보장성 보험보다는 매월 내야 하는 보험료가 비싸다. 저축성 보험이 더 좋은 보험이라는 생각은 오해다. 자신이 보험료를 더 많이 낸 몫을 돌려받을 뿐이다. 어떤 보험에 가입할지는 선택의 문제다.

보험료는 소득의 10퍼센트를 넘지 않도록

저축성 보험이라고 하더라도 중간에 계약을 해약하면 자신이 냈던 돈보다 훨씬 적게 돌려받는다. 또 지점에 앉아 있으면 고객이 스스로 찾아오는 은행과는 달리 보험회사는 보험을 판매하기 위해서 인력과 마케팅을 많이 활용하고 있어서, 판매비용이 많이 드는 편이다. 이런 비용을 공제해

야 하므로 보험을 중도 해약하는 경우에는 자신이 냈던 돈을 다 돌려받지 못한다. 불가피한 경우가 아니라면 보험의 중도 해약은 하지 않는 게 좋다.

보험은 일단 가입하면 보통 10년 이상 보험료를 내야 한다. 보험 상품이나 보험회사 선택에 신중해야 하는 이유다. 보험이 중요하다고 해서 소득에 비해서 과도하게 많은 보험료를 내는 것도 비합리적이다. 미래에 대비하려다 현재에 발목을 잡히는 격이다. 매달 내야 하는 보험료가 소득의 10퍼센트를 넘지 않는 게 좋다고 전문가들은 말한다.

어느 보험회사로 가야 하지?

우리나라에서 영업하고 있는 보험회사들의 이름은 ○○생명, ◇◇손해보험, □□화재, △△해상으로 끝난다. 보험회사의 이름이 이처럼 다른 이유는 보험회사들이 주로 취급하는 위험의 종류가 다르기 때문이다.

보험은 크게 인보험과 손해보험으로 구분한다. 인보험은 사람의 생명이나 신체에 발생하는 위험, 즉 사망, 상해, 질병 등을 대비하는 보험이다. 이런 보험을 주로 취급하는 회사에는 '○○생명' 식의 이름이 붙어 있다. 이 보험회사들은 주로 생명보험, 질병보험, 상해보험을 판매한다.

손해보험은 뜻하지 않은 사고로 인한 재산상의 손해를 보상하는 보험이다. 이런 보험을 주로 취급하는 회사의 이름은 ◇◇손해보험, ▢▢화재, △△해상으로 끝난다. 이들 보험회사는 주로 자동차보험, 화재보험, 해상보험, 운송보험을 판매한다.

사실 인보험과 손해보험의 구분은 말처럼 명확하지 않다. 예를 들어 암은 건강과 관련이 있기도 하지만, 막대한 치료비 때문에 재산상의 손실을 초래하기도 한다.

또한 보험회사 사이의 업무 영역이 허물어지면서 다른 성격의 보험을 판매하는 경우가 많아지고 있다. 더 나아가 인보험과 손해보험을 혼합해 만든 새로운 보험도 개발되고 있다. 보험회사의 구분이 옛날처럼 명쾌하지 않은 이유다.

결혼식 보험에서
크리스마스 보험까지

축구 스타 베컴의 다리는 900억 원?

최근 레저 활동과 관련된 사고가 급증하고 있다. 스노보드를 타다가 부상을 입는 것은 더 이상 뉴스가 아니다. 낚시하다가 사망하는 사람들도 한 해에 100명이 넘는다고 한다.

보험회사가 이를 놓칠 리 없다. 테니스와 골프 인구도 증가하면서 운동 중에 입은 손해를 보상해주는 보험도 생겨났다. 요식업자들을 위해서 음식물의 제조와 판매 중에 발생하는 사고를 보상해주는 보험도 있다.

나도
들었어~

나만의 맞춤
다리보험

이뿐이 아니다. 이 세상에는 별난 보험이 참 많다. 세계
적인 축구 스타 데이비드 베컴은 생명이나 다름없는 자신
의 다리를 보험에 가입했다. 보험금은 당시 보험 계약 역사
상 최고 기록을 세웠는데, 자그마치 900억 원이었다. 가수
보아는 자신의 성대를 보험에 가입했으며, 미국 여배우 제
니퍼 로페즈는 엉덩이를 보험에 가입했다. 제나로 펠리치
아라는 커피 감별사는 자신의 혀를 220억 원의 보험금으로
계약해 세상 사람들을 놀라게 했다.

이 외에도 자신의 손가락을 보험에 가입한 기타리스트
나 피아니스트도 있다. 자신이 보유하고 있는 고가 악기

의 수리나 분실을 보상해주는 보험에 가입하는 음악가도 있다.

운동선수나 연예인이 신체의 일부를 대상으로 보험에 가입하는 이유는 퇴직금이 없다는 직업 특성 때문이다. 손가락을 다치면 연주를 할 수가 없다. 다리에 부상을 당하면 그라운드에 나설 수 없다. 사고가 발생하면 한순간에 소득이 사라지므로 평소에 위험 관리를 철저히 할 필요가 있다.

영화 제작에도 보험이 영업을 하고 있다. 제작 계획이 모두 수립된 후 주연배우나 감독이 질병에 걸리거나 사고를 당하면 영화를 정상적으로 제작하지 못한다. 영화 촬영 장비나 값비싼 모형을 대상으로 하는 보험도 있다. 심지어 연극을 공연하는 극장 건물, 세트, 배우의 소품, 스태프의 상해를 대상으로 보험에 가입하기도 한다. 모두 예상치 못한 위험에 대비하기 위함이다.

별별 보험이 다 있네!

결혼식 날짜를 잡았는데, 신랑이나 신부에게 사고가 나서 결혼식을 연기해야 하는 경우, 결혼식장 사용료나 피로연 비용 등을 보험금으로 지급해주는 결혼식 보험도 있다.

쌍둥이는 집안에 겹경사일 수 있지만 양육비가 많이 들기도 한다. 그래서 쌍둥이 보험도 등장했다. 이혼율이 증가하는 추세에 맞춰서 이혼할 때 위자료를 지급해주는 이혼 보험도 있다.

우리나라보다 보험상품이 다양하게 발달해 있는 외국의 사례는 더 기가 막히다. 어떤 미국인은 런던에서 구입한 희귀 와인이 자신의 집까지 안전하게 수송될 수 있도록 보장해주는 보험에 가입한 적이 있다. 한때 어린이 유괴 사건이 빈번하게 발생했던 미국에서는 유괴범이 요구하는 몸값을 대신 지급해주는 보험도 판매된 적이 있다.

스포츠와 관련된 보험에도 신기한 것들이 참 많다. 영국의 한 축구 팬은 2006년 독일 월드컵에서 영국 대표팀이 일찍 탈락해 자신이 정신적 충격에 시달릴 경우 100만 파운드(당시 환율로 17억 원)의 보상금을 받을 수 있는 보험에 가입했다.

이와 비슷한 사례는 우리나라에서도 찾을 수 있다. 2002년 한일 월드컵 당시 한국 대표팀이 16강에 진출할 경우, 경품을 제공하겠다는 마케팅을 시도한 기업들이 많이 있었다. 이들 기업은 우리가 16강에 진출하는 사고(?)가 발생할 경우에 대비해서 관련 비용을 대신 지급해주는 보험

미니멀 경제학

에 가입했다. 보험사들은 역대 우리나라의 월드컵 성적, 같은 조에 속한 다른 국가 대표팀들의 전력 등을 고려해서 보험료를 정했을 것이다.

그러나 대수의 법칙이 미흡했던 것일까? 결국 우리가 4강에 진출하는 '대형사고'를 저질러 보험회사들은 많은 보험금을 지불해야 했다.

이 외에도 크리스마스에 눈이 내리면 상품을 대폭 할인하거나 보너스 경품을 지급하는 기업들이 있다. 이들 기업은 이러한 '사고'가 발생할 경우에 대비해 보험에 가입한다. 날씨 마케팅도 보험이 있기에 가능한 일이다.

정부가 보장해주는 보험

일반 보험회사가 담당하지 않고 정부가 설립한 기구가 책임지는 보험도 있다. 이런 보험을 '사회보험'이라고 한다.

사회보험은 질병, 노령, 실업 등으로 국민이 경제적 손실을 입을 위험에 대비하는 국가 차원의 복지제도다. 여기에는 산업재해보험, 고용보험, 국민연금, 우리가 흔히 의료보험이라고 부르는 건강보험 그리고 노인장기요양보험이 있다.

이들 보험은 복지국가가 반드시 갖추어야 할 기본적인 사회보험이다. 서구의 산업 국가들은 1883년부터 사회보험 제도를 도입했지만, 우리나라는 이보다 훨씬 늦은 1964년에 산업재해보험을 도입한 것이 사회보험제도의 시작이었다. 이후 1977년에 건강보험을, 1988년에 국민연금보험을 도입했으며, 1995년에 고용보험을 도입함으로써 우리나라도 비로소 복지국가가 최소한으로 갖추어야 할 4대 사회보험을 시행하는 나라가 되었다.

산업재해보험은 근로자가 작업장에서 업무를 수행하다가 부상을 입거나 사망하는 경우 근로자나 가족을 보호 또는 보상해주는 보험이다.

건강보험은 국민의 질병이나 부상을 예방, 진단, 치료하는 일뿐 아니라 출산, 사망, 건강 증진과 관련된 비용을 부담함으로써 국민의 보건을 향상하는 것이 주 목적이다.

국민연금보험은 사고나 질병으로 일을 그만두거나 사망하게 될 경우 또는 고령으로 일을 더 이상 할 수 없게 될 경우에 보험금을 지급해 노후에도 기본적인 생활을 유지할 수 있도록 돕는다.

고용보험은 직장을 잃은 실업자에게 실업 급여를 지급하고 직업훈련을 받는 데 들어가는 비용을 보조해준다. 특히 구직 활동 기간 동안에 생활을 지원해주는 보험이다.

노인장기요양보험은 고령이나 노인성 질병으로 인해 거동이 불편한 사람이 일상 가사활동을 지속할 수 있도록 국가가 지원해주는 보험이다. 그 가족의 부담을 덜어주어 삶의 질을 높이려는 취지다.

역선택과 도덕적 해이

누구에게나 감추고 싶은
비밀이 있다

정보의 비대칭성

학교 시험에서 90점을 받았다. 난생처음 경험하는 높은 점수다. 그러나 기쁨도 잠시, 친구들의 점수를 보니 대부분 95점이다.

자신의 점수에서 얻은 행복보다 다른 친구들과의 비교에서 느끼는 행복이 큰 게 사람이다. 다 같이 가난하고 어렵고 배고픈 생활은 참고 견딜 수 있지만, 누구는 잘사는데 나만 가난한 생활은 배가 아파서 견디기 힘들다. 정말이지 배고픈 것은 참아도 배 아픈 것은 참기 힘든 것이 세상살이다.

정보화 사회에서는 엉뚱한 곳에서 이와 비슷한 문제가 발생하기도 한다. 모든 사람들이 다 같이 정보를 갖지 못한 상황은 문제를 초래하지 않지만, 어떤 사람들은 알고 있는데 다른 사람들은 모르고 있는, 이른바 정보 격차가 발생하면 심각한 문제가 일어난다.

경제학에서는 이처럼 사람이나 집단 사이에 정보의 보유량이 다른 상태를 정보가 '비대칭적'이라고 한다.

왜 사고뭉치만 보험에 가입할까?

보험시장은 정보의 비대칭 문제가 두드러지게 나타나는 곳이다. 암 보험을 생각해보자.

사람마다 암에 걸릴 확률은 제각각이다. 술과 담배를 멀리하고 운동을 체계적으로 하고 있는 A 집단은 암에 걸릴 확률이 상대적으로 낮다. 반면에 평소에 술과 담배를 즐기고, 스트레스를 많이 받으며, 가족 중에 암환자가 있는 B 집단은 암에 걸릴 확률이 높다.

A 집단에 해당하는 사람들은 암 보험료가 낮아야 하며, B 집단에 해당하는 사람들은 보험료가 높아야 한다. 그래

야 공평하고 억울한 사람이 없다.

보험회사는 누가 A 집단에 해당하고, 누가 B 집단에 해당하는지 확실하게 구분하지 못한다. 고객에 대한 정보를 충분히 갖고 있지 못한 탓이다. 반면에 고객은 자신의 체질, 건강 상태, 음주 빈도, 스트레스를 받는 정도, 가족 병력 등에 대해서 소상히 알고 있다. 보험회사와 고객 사이에 정보가 비대칭적인 상황이다. 고객이 자신과 관련된 정보를 보험회사보다 상대적으로 많이 갖고 있는 것이 당연하다.

이때 고객이 자신의 정보를 보험회사에게 솔직히 고백하면 비대칭 문제가 해소된다. 하지만 암 보험에 가입하면서 자신이 술과 담배를 즐기고 스트레스를 많이 받으며, 암에 잘 걸릴 수 있는 유형이라고 이실직고하려는 고객은 없다. 고백하는 순간 보험 가입이 불가능해질 수 있고, 다행히 가입하더라도 내야 할 보험료가 껑충 뛰기 때문이다. 감추고 싶은 비밀이다. 그래서 입을 꼭 다문다. 정보의 비대칭 현상이 지속된다.

보험회사는 어쩔 수 없이 우리나라 사람들이 암에 걸릴 평균 확률을 토대로 보험료를 결정한다. 이렇게 결정된 보험료가 1년에 100만 원이라고 하자. 보험회사는 꾸준히 운동을 하는 A 집단 고객이나 체지방이 많은 B 집단 고객을 가리지 않고 일률적으로 100만 원의 보험료를 요구한다. 이제 어떤 사람이 암 보험에 가입할까?

A 집단에 해당하는 사람의 입장에서는 보험료 100만 원이 너무 비싸다. 가입하면 손해라고 생각한다. 암 보험에 가입하지 않기로 결정한다.

반면에 B 집단에 해당하는 사람들은 100만 원의 보험료를 내더라도 손해라는 생각을 하지 않는다. 이들은 자신이 암에 걸릴 가능성과 암 치료 비용을 고려하면 기꺼이 보험료를 낼 용의가 있다. 암 보험에 가입하기로 결정한다.

이처럼 위험의 발생 확률이 낮은 사람들은 보험에 가입하지 않고, 발생 확률이 높은 사람들이 주로 보험에 가입하는 현상이 발생한다. 이른바 역선택adverse selection이다.

역선택이 심해지면…

자동차 보험에서도 역선택 현상이 발생한다. 운전자마다 사고를 낼 확률이 다르다. 운전을 조심스럽게 해서 사고 확률이 낮은 운전자도 있지만, 속도를 즐기고 거칠게 운전해서 사고 확률이 높은 운전자도 있다.

만약 보험회사가 운전자의 운전 성향에 대한 정보를 갖고 있다면 운전자마다 보험료를 차등 적용하겠지만, 보험회사는 운전자의 운전 성향을 모른다. 그래서 최초 가입자의 경우, 보험회사는 어쩔 수 없이 우리나라 전체 운전자의 평균 사고율을 계산해 모든 운전자에게 공통적으로 보험료를 적용한다.

자신의 사고 확률이 낮다고 생각하는 운전자는 보험료가 비싸다고 판단해 보험에 가입하지 않는다. 반면에 자동

차를 험하게 모는 운전자는 사고 확률이 높으므로 기꺼이 보험에 가입한다. 결국 평균보다 사고율이 높은 운전자가 주로 자동차보험에 가입한다. 역선택 현상이다.

이 외에도 역선택이 나타나는 사례는 쉽게 찾을 수 있다. 개인 재산이나 소득이 많은 사람은 자신의 노후를 보장할 만큼의 충분한 돈을 갖고 있으므로 굳이 국민연금에 가입할 필요성을 느끼지 못한다. 능력이 뛰어난 근로자는 해고되더라도 다른 기업에서 다시 취업할 가능성이 높으므로 고용보험에 가입할 생각이 별로 없다.

역선택 현상이 심화되면 보험 시장이 붕괴될 수 있다. 사고를 많이 내는 사람들이 주로 보험에 가입하면 사고가 빈번하게 발생해 보험회사가 보험금을 내주지 못하는 지경에 이른다. 보험료는 점점 인상되고 보험 가입자가 점차 줄어든다.

이때 모든 사람을 강제로 보험에 가입시키는 것이 한 가지 방안이다. 사고 확률이 높은 사람뿐 아니라 사고 확률이 낮은 사람까지 골고루 보험에 가입하게 되므로 역선택 문제가 사라진다. 정부가 사회보험 가입을 의무화하고 있는 이유가 여기에 있다.

자신이 원하지 않더라도, 개인적으로 건강에 자신 있거

나 병원 진료비 걱정이 없을 만큼 재산이 많더라도, 소득이 있는 우리나라 국민이라면 예외 없이 건강보험에 가입해야 한다. 직장에 다니는 근로자들은 의무적으로 국민연금과 고용보험에 가입해야 한다.

도덕적 해이와 자기 부담금

정보 비대칭 현상은 보험 시장에서 또 하나의 문제를 일으킨다. 도덕적 해이다. 사람들이 보험에 가입하고 난 후에 위험을 회피하려는 노력을 게을리하는 현상을 말한다.

자동차 사고가 나면 깔끔하게 보상해주는 자동차 보험에 가입한 운전자는 보험을 믿으면서 운전을 험하게 한다. 그래서 실제로 자동차 사고율이 높아진다. 보험으로 인해서 오히려 위험 발생 빈도가 증가하는 문제가 발생하는 것이다.

실업자가 고용보험에 의지하면서 새로운 직장을 구하려는 노력을 게을리하는 현상, 정부가 국민의 노후 생활을 잘 책임져주는 복지국가의 국민이 개인적으로 저축을 게을리하고 소비 성향이 높아지는 현상 등도 도덕적 해이의 사례에 해당한다.

도덕적 해이가 발생하면 보험회사가 최초에 보험료를 결정할 때 예상했던 것보다 사고가 더 많이 발생하므로 보험회사의 경영 수지가 악화된다.

도덕적 해이 현상은 어떻게 해결할 수 있을까? 이 문제를 해결하려면 보험에 가입한 고객들로 하여금 계속해서 위험을 회피하려는 노력을 하게 유도해야 한다.

그러한 목적에서 보험회사는 자기 부담금이라는 제도를 도입했다. 자동차 사고가 나거나 집에 화재가 발생할 경우 보험회사가 전액을 보상해주지 않고, 보험 가입자에게 일부를 부담시키는 방법이다. 사고가 나면 다시 자신의 돈을 써야 하므로 사람들은 보험에 가입한 이후에도 사고가 발생하지 않도록 최선을 다할 것이라는 계산이 깔려 있다.

건강보험에도 자기 부담금이 있다. 몸이 아파서 병원 진료를 받고 나면 환자 본인 부담금이라는 명목으로 돈을 낸다. 만약 본인 부담금이 없다면, 즉 병원에 가더라도 돈을 한 푼 내지 않아도 된다면, 증상이 심각하지 않은 환자들이 병원을 제집 드나들 듯 찾아 의료서비스를 무한정 요구하는 도덕적 해이가 발생할지 모른다.

요즘 스마트폰 가격은 100만 원을 웃돈다. 그래서 분실이나 파손으로 인해 수리할 경우 사용자가 부담해야 하는 금액도 만만치 않다. 이런 경우를 대비해 보험에 가입하는 사람들이 있다. 물론 여기에도 자기 부담금이 있다. 손해액의 20~40퍼센트를 사용자가 부담해야 한다. 이를 두고 일부에서는 '사기'라고 비판하지만, 일부러 파손하는 블랙컨슈머를 막거나 파손 예방 노력을 게을리하는 도덕적 해이를 예방하기 위함이다.

미니멀 경제학 : 금융 설계와 경제 습관 편

초판 1쇄 2011년 4월 4일
개정판 1쇄 2019년 12월 9일

지은이 한진수

발행인 이상언
제작총괄 이정아
편집장 조한별
책임편집 김수나
마케팅 김주희, 김다은

기획·진행 콘텐츠와디자인홀 HOOL
일러스트 그림요정더최광렬

발행처 중앙일보플러스(주)
주소 (04517) 서울시 중구 통일로 86 4층
등록 2008년 1월 25일 제2014-000178호
판매 1588-0950
제작 (02) 6416-3709
홈페이지 jbooks.joins.com
네이버 포스트 post.naver.com/joongangbooks

ⓒ 한진수, 2019

ISBN 978-89-278-1076-6 (03320)